实用职业体育教程

SHIYONG ZHIYE
TIYU JIAOCHENG

主　编　郑城　史辉

副主编　方梁　周杨　曾习文

上海交通大学出版社
SHANGHAI JIAO TONG UNIVERSITY PRESS

内容提要

本书分为五大模块，从理论层面对职业健康和体育进行了概述，同时将体育教学内容对接“健康制造体育”“健康保健体育”“健康休闲体育”三大职业类型，对职业疾病的预防及治疗进行了详细叙述。本教材可作为高职学生的体育教材。

图书在版编目(CIP)数据

实用职业体育教程/郑城，史辉主编. —上海：上海交通大学出版社，2020 (2022重印)
ISBN 978-7-313-24045-3

Ⅰ. ①实… Ⅱ. ①郑…②史… Ⅲ. ①体育—高等职业教育—教材
Ⅳ. ①G807.4

中国版本图书馆 CIP 数据核字(2020)第 212440 号

实用职业体育教程
SHIYONG ZHIYE TIYU JIAOCHENG

主　　编：郑　城　史　辉
出版发行：上海交通大学出版社
邮政编码：200030
印　　制：上海万卷印刷股份有限公司
开　　本：787mm×1092mm　1/16
字　　数：299 千字
版　　次：2020 年 11 月第 1 版
书　　号：ISBN 978-7-313-24045-3
定　　价：42.00 元

地　　址：上海市番禺路 951 号
电　　话：021-64071208
经　　销：全国新华书店
印　　张：13
印　　次：2022 年 7 月第 4 次印刷

Preface

前　　言

高等职业教育是我国高等教育的重要组成部分，它以培养技术型和技能型的高级应用型人才为主要目标。高职院校体育教育作为高职学生终身教育和素质教育的重要阵地，在坚持提高学生体育素养、增强学生体质和健康的建设目标的同时，应积极遵循高职院校人才培养方向，在课程内容设置等方面突显高职院校体育教育职业性、实用性的特色，为培养“准职业人”具有良好的健康水平、特殊身体素质储备、动作技能储备、终身体育锻炼能力储备和社会适应能力储备服务。

基于《全国普通高等学校体育课程教学指导纲要》对体育课程的指导思想、课程目标、课程内容、教材改革的要求，我们编写了具有鲜明特色时代特征的《实用职业体育教程》。本教材根据“职业活动为导向、能力素质为本、项目任务为载体”的思路，“按职场需要、按工作过程、按专业发展、按职业成长”遴选教学内容，构建了基于职业活动的项目化教程，凸显了体育课程教学必须对接职场、对接学生未来职业生涯的教改思路。本教材以“素质教育”“以人为本”和“健康第一”为指导思想，以培养高职学生健康的体魄和掌握锻炼身体的技能为根本目标，针对学生未来工作岗位的体育锻炼需求，有目的地介绍了多种实用的职业体育项目，为高职院校学生未来的身体锻炼以及职业疾病的预防与治疗提供了科学的方法。

本教材是高职学生学习科学的体育锻炼方法、提高身体素质、预防职业疾病、促进疾病康复的指导性书籍。全书分为五大模块，从理论层面对职业健康和体育进行了概述，同时将体育教学内容对接“健康制造体育”“健康保健体育”“健康休闲体育”三大职业类型，对职业疾病的预防及治疗进行了详细叙述。

本书由郑城、史辉担任主编，方梁、周杨、曾习文担任副主编。参与编写工作的还有欧阳霞、李国强、王嵘、冯志勇、黄俊杰、陈婷、张凯、张维。

本教材是在参考众多文献的基础上编写而成的，在此，谨向文献的作者表示最诚挚的谢意。由于时间仓促和水平有限，此外高职院校体育教育的改革尚处于探索阶段，体育教育思想的不断变迁不免会带来许多不确定性，书中存在的不当和不足之处恳请专家、学者批评指正，以便在今后对本书进行修订和完善。

编者

2020 年 4 月

Contents

目　　录

模块 1　职业体育认知

模块 2　健康制造体育

模块3 健康保健体育

模块 4 健康休闲体育

模块 5 奥林匹克运动

模块 1

职业体育认知

项目 1

体育与健康基础知识

知识目标

（1）了解体育的产生与发展。

（2）了解健康、亚健康的概念及影响健康的因素。

（3）了解健康的生活方式。

技能目标

（1）把握现代体育教育的主导方向。

（2）掌握建立健康的生活方式和科学健身的方法。

思政目标

树立正确的体育观、健康观，培养终身体育的意识。

1.1 体育的概述

体育作为一种人类共同拥有、承认和普遍热爱的伟大的社会实践活动，现已渗透到社会的各个领域。目前，《中华人民共和国教育法》第五条这样规定：“教育必须为社会主义现代化建设服务、为人民服务，必须与生产劳动和社会实践相结合，培养德、智、体等方面全面发展的社会主义建设者和接班人。”这也是我国的教育方针，《中华人民共和国高等教育法》再次重申了这项方针。教育部下发了《全国普通高等学校体育课程教学指导纲要》为高等学校体育课指明了发展的方向。体育课程已成为高职高专教育体系的重要组成部分。

1.1.1 何谓体育

体育是以身体活动为媒介，以谋求个体身心健康、全面发展为直接目的，并以培养完善的社会公民为终极目标的一种教育过程。简单地说，体育是针对身心发展的教育（身体培育）。

体育至今已有几千年的历史。特别是近一百多年来，随着社会的不断发展，人们对体育价值的认识也有了进一步的提高。体育是根据人类生存和人类社会生活的需要而产生和发展的，最终也是服务于人类。这是人们从事体育这种社会实践活动的根本动力。随着人类的进步和社会的不断发展，体育在整个教育体系中的地位和作用也越来越重要。体育不仅是教育的组成部分，而且与德育、智育有机地构成了现代学校教育的基础。

1.1.2 体育的产生

人类生存和发展的需要是体育产生的原因。这和其他人类社会现象的产生的根本依据是一致的，也是人类一切实践活动的原动力，这也是体育产生与发展的唯一源泉。

早期的人类在与大自然的斗争中形成和发展走、跑、跳的生活技能，今天的各种体育运动项目多以走、跑、跳为基础。早期的人类社会人少但野兽众多，人们在围捕或防御凶猛野兽侵袭时，有时是徒手与动物搏斗，有时是手持棍棒与动物搏斗，这样就逐渐形成了徒手的和器械的攻防技术。古人去采集野果，要攀山爬树，所以发展了攀登、爬越的技能；为了在河中、海里捕鱼，古人学会了在水中沉浮的运动技术，这是人类最早的游泳。

随着人类社会的不断演进，人们积累了相当多的劳动知识和经验，劳动技能的提高，使得劳动产品有了一定的剩余。老人和成年人就利用空闲的时间，通过游戏的形式教授后代劳动的知识技能。这些知识和技能实际就是如何捕猎野兽，如何走得快、跑得快、跳得高，如何爬坡、攀越等。这种有意识的教育就是原始的体育。

1.1.3 体育的发展

随着人类社会发展，体育自身实践和理论也不断地完善。人类的需要层次也由“生理需要”“安全需要”向“归属和爱”“尊重需要”和“自我实现”的更高层次的需要转变。因此，各种文化、艺术、教育活动相继出现，体育与精神调节、健体养生相结合的活动逐渐出现和发展起来。这些高于一般生活技能和劳动技能的实践活动已有别于求生存的手段，是体育发展的最好佐证。例如，为了表达对祖先和图腾的崇敬心情，通过祭祀开展的舞蹈、角力和角斗等活动；为了抒发采果、狩猎丰收的喜悦，采用各种游戏方式进行的娱乐活动；为了防治身体伤病而经常从事的健身和养生活动。

“体育”一词不像人类社会体育实践活动那样有着悠久的历史，它最早出现于 18 世纪 60 年代法国的一家报纸上，该报纸用“体育”一词论述儿童身体教育问题。“体育”在我国中文词汇中出现只有百年的历史。当年的洋务运动把西方教育的某些积极因素引进到我国，基督教会在我国宣传西洋体育时正式使用“体育”这一术语。“体育”这一术语最初传入中国时指的是身体教育，但由于最初理解上的偏差人们把运动比赛等同于体育，其实体育与竞技是有质的区别的。今天人们已从理论上有了新的认识，体育的本质也被人们所理解。

1.1.4 体育的效能

体育的效能是指体育的特点作用于人和社会所能产生的良好的影响和功效。

体育是关于身心的教育，有其特有的存在价值. 认识体育的功能与作用对于当今大学生的学习与发展、人类社会的进步具有重要的现实意义。这是由体育的自身特点和社会的需要决定的。体育效能包括生物效能和社会效能两种。

1. 体育的生物效能

一个人体质的强弱受遗传、营养、劳动、环境的影响，而进行科学的身体锻炼是增强体质、促进健康的最积极、最有效的方法。通过体育锻炼，人的体格、体能和适应能力等方面都会得到显著的改变。

体育锻炼可以增强体质是因为身体活动引起能量物质的消耗，随之引起消化活动的增强，人体开始加速恢复。这个过程可以使机体内组织细胞内部得到更多的补充，会合成新的可利用的能源，使机体获得更多、更旺盛的活力，从而使机体得以发展。适宜、合理的体育锻炼可以促使机体朝着发达完善的方向转化。所以说体育具有促使人体更加健康的特殊功效。

2. 体育的社会效能

随着社会的发展，体育在建设精神文明、丰富文化生活、培养良好的个性心理、发展人际关系等方面都会产生积极的效果，体育的社会效能主要包括以下几个方面：

1）体育的教育效能

体育是教育的重要组成部分，教育功能是体育最基本的功能。马克思曾指出："未来教育对所有已满一定年龄的儿童来说，就是生产劳动与智育和体育相结合，这不仅是提高社会生产的一种方法，而且是造就全面发展的人的唯一方法。"我国历来重视体育的教育作用，体育已成了教育不可缺少的部分，高等教育体系把体育作为公共必修课，体育已经成为素质教育的重要组成部分和培养身心健康的合格社会主义事业的建设者和接班人的重要支撑。体育的教育效能主要表现在以下几个方面：

(1) 改造经验。人类生活需要多方面的经验，而人的经验绝不仅限于读、写、说、算。就品格经验而言，不懂得公平竞争，不服从法规制度，不信守诺言，不具备合作等社会品德的人无疑将被社会群体所排斥。就动作经验而言，简单的如坐立行走、举手投足；复杂的如对距离、速度、时间的判断，种种动作经验只有在实践中才能培养。就情绪经验而言，文明社会不允许个人的不良情绪以野蛮的原始方式发泄。以上所有品格和经验是一个合格公民所必备的素质，而体育是对人们进行综合性教育的一种有效途径，它可以使个人在心智、情绪、动作经验等方面得到发展。

(2) 发展适应能力。体育是帮助个体适应其生活环境的一种训练。虽然不同的人需要不同的适应能力，但在当今的社会个人的适应能力应该是全面的，它包括身体的、心理的、社会的。作为生活教育的体育对上述适应能力都有培养作用。

(3) 改变行为。体育运动所带来的经验改造和适应能力发展可以进一步促进行为的变化。

2）体育的娱乐效能

娱乐效能是由两个途径来实现的：参与运动与观赏运动。现代体育运动，特别是竞技运动项目发展迅速，高度体现健、力、美的特征。

现代社会为人们身体的娱乐活动提供优越的条件和各种娱乐方式，使人们在和谐的气氛中获得精神快感，释放情绪，从而充分享受生活的乐趣。

3）体育的政治效能

政治对体育有着主导作用，体育以其特有的方式为政治服务。随着竞技体育的飞速发展，运动成绩从侧面上反映出一个国家的综合国力。另外体育竞赛也能培养民族精神，增强国民的团结和凝聚力，当北京取得了 2008 年奥林匹克运动会的主办权时，多少国人为之欢呼、骄傲和振奋。

4）体育的经济效能

体育与经济结合对经济发展有巨大的推动作用。第一，提高了劳动者的素质，从而促进了生产力的发展；第二，刺激生产，促进经济发展，如北京正在建设许多体育设施，必定会拉动内需，刺激相关行业的发展；第三，体育现已作为一种产业得到广泛的发展，从而直接获得了经济效益。

5）体育的社会效能

体育的社会效能是通过参与集体项目体现的。在这些过程中人们加深了友谊，促进了情感交流。

1.2 健康的概念

1.2.1 古代健康概念及健康观

18 世纪中叶以前，人们常以身体是否有病作为健康的评价依据：凡是有病就是不健康，无病就是健康。人们普遍认为健康是在人们的生命活动中没有疾病时的状态。人类历史上对于健康的认识经历了以下几个发展阶段：

神灵医学模式阶段：由于古代科学文化水平的低下，人们认为生命是神赐予的，人体患病则是神对人的一种惩罚.治疗疾病要求助于神的恩赐和保佑。

自然哲学医学模式阶段：此时人们开始用哲学的观点来解释人体患病的原因，将人的病因与其生活的环境相联系起来，从人体的内因与外因寻找矛盾并解决矛盾，从而达到健康的目的。

生物医学模式阶段：约从 16 世纪中叶开始，人类开始以生物学的观点阐述生命现象，从血管和细胞组织的损伤中寻找病因，探究和认识疾病并提出治疗对策。

1.2.2 近代健康概念及健康观

18 世纪中叶，随着社会的发展和科技的进步，特别是能量守恒定律、细胞学说和生物进化论等自然科学的提出，揭示了自然规律，动摇了机械性看待健康的认识。当时的健康概念是："人在生理机能完善的情况下，体内所有器官和系统协调地相互配合并发挥作用，使人得以积极从事对社会有益的劳动。"

1.2.3 现代健康概念及健康观

20 世纪初，由于社会的发展和医学的进步以及人类对健康的认识不断提高，健康的概念亦逐步趋向完善。

1948 年，联合国世界卫生组织（World Health Organization，WHO）提出了“三维健康观”，明确指出“健康不仅是没有疾病，而且是保持身体、精神和社会适应方面的完美状态。”这一概念改变了以往健康仅指无生理功能异常、免于疾病的单一概念。

1978 年，联合国世界卫生组织在《阿拉木图宣言》中修改了健康的概念，将健康定义为“健康不仅仅是疾病与体弱的匿迹，而是身心健康、社会健康的完美状态”，并同时指出“健康是人的基本权利，达到尽可能的健康水平是世界范围内一项重要的社会性目标”。

1989 年，联合国世界卫生组织根据现代社会的发展，再次将健康定义为：“健康不仅仅是躯体没有疾病，而且还需要心理健康、社会适应良好和道德健康。”这就是人们常说的“四维健康观”。

20 世纪 90 年代的健康定义强调了环境因素，认为健康是生理、心理、社会、环境的和谐统一。此后，美国学者提出了健康的五要素，即个体健康具有身体、精神、智力、情绪、社会五个方面的健康和完美状态才称之为真正的健康。

进入 21 世纪以来，随着医学的空前发展和科技的巨大进步，人们相继发现和阐明了许多疾病的成因和机理，对疾病的防治和对健康的认识有了很大的提高，并逐渐形成了现代的健康观，即人们认为健康远不是身体没有疾病，真正的健康是心理健全和身体强壮的完美结合，是一个人在身心、社会方面的综合反映。

1.2.4　现代健康标准

健康是一个多维化的综合性的概念，除了健康的定义外，联合国世界卫生组织进一步诠释了健康的十条标准：

(1) 精力充沛，在日常生活、繁重的工作中都不会感到过分紧张、疲劳。

(2) 乐观、积极、乐于承担责任，工作效率高。

(3) 善于休息，睡眠良好。

(4) 应变能力强，能适应环境的各种变化。

(5) 能够抵抗一般性的感冒、传染病等。

(6) 体重适当，身体匀称；站立时，头、肩、臂位置保持协调。

(7) 眼睛明亮，反应敏锐。

(8) 牙齿清洁，无孔洞，无痛感，无龋齿，无出血现象，牙龈颜色正常。

(9) 头发有光泽，无头屑。

(10) 肌肉丰满，皮肤有弹性，走路、活动感到轻松。

1.2.5　影响健康的因素

人类的健康取决于多种因素的影响和制约。影响健康的因素主要有五种，即环境因素、生物学因素、医疗卫生服务因素、行为和生活方式因素及营养因素。

1. 环境因素

环境因素是指围绕着人类的空间以及直接或间接地影响人类生活的各种自然因素和社会因素的总和。

(1) 自然环境又称为物质环境，是指影响人类生存和发展的各种天然的和经过加工改造的自然因素的总体，如水、空气、土壤、矿藏、森林、野生生物、各种自然和人工区域等。自然环境是人类生存的必要条件，在自然环境中，影响人类健康的主要有生物因素、物理因素和化学因素。

生物因素包括动物、植物及微生物。一些动物、植物及微生物为人类的生存提供了必要的保障，但另一些动物、植物及微生物却通过直接或间接的方式影响甚至危害人类的健康。

物理因素包括气流、气温、气压、噪声、电离辐射、电磁辐射等。在自然状态下，物理因素一般对人体无危害，但当某些物理因素的强度、剂量以及作用于人体的时间超出一定限度时，就会对人体健康造成危害。

化学因素包括天然的无机化学物质、人工合成的化学物质及动物和微生物体内的化学元素，某些化学元素是保证人类正常活动和健康的必要元素；某些化学元素及化学物质在正常接触和使用情况下对人体无害，但当它们的浓度、剂量超过人体能够承受的限度时，将对人体造成严重的危害。

(2) 社会环境又称为非物质环境，是指人类在生产、生活和社会交往活动中形成的生产关系、阶级关系和社会关系等。在社会环境中，有诸多的因素与人类健康有关，如社会制度、法律、经济、文化、教育、民族及职业等。

2. 生物学因素

生物学因素包括遗传、病原微生物、个体生物学特征等三种。遗传是先天性因素，它与人类诸多疾病的发生有关；病原微生物能使人患传染病和感染性疾病，造成人体的内分泌失调和免疫功能失常等；个体生物学特征包括年龄、性别、形态和健康状况等，相同危险因素对不同生物学特征的个体健康影响程度不同。

3. 医疗卫生服务因素

医疗卫生服务是指促进及维护人类健康的各类医疗卫生活动。它既包括医疗机构所提供的诊断、治疗服务，也包括卫生保健机构提供的各种预防保健服务。良好的医疗卫生服务对健康起着促进作用；反之，则会危害健康。良好的医疗卫生服务包括健全的医疗机构、完善的服务网络、充足的卫生资源及其合理配置与科学分配，除此之外，提高对个体医疗卫生服务的利用能力也是提高医疗卫生投入与效益的重要因素。

4. 行为和生活方式因素

行为是指机体对内外环境因素刺激所做出的能动反应。生活方式是个体的一种特殊行为模式，它受个体特征和社会关系的制约，行为和生活方式紧密联系，相互贯通。人们自身的不良行为和生活习惯会给个体、社会的健康带来直接或间接的危害。这种危害具有潜伏性、积累性和影响广泛性的特点。不良的行为和生活方式主要包括吸烟、酗酒、吸毒、纵欲、赌博、滥用药物等。

5. 营养因素

合理营养的饮食习惯能保证人体健康，营养过剩或不足都有损健康。日常饮食中要注意脂肪、蛋白质、糖、纤维素及各种微量元素的充足供应和合理搭配，这样既有利于预防疾病，又能够促进健康。

1.3 亚 健 康

1.3.1 亚健康的概念

20 世纪 80 年代，有学者发现，在人的一生中，除健康状态和疾病状态之外，还存在着一种介于两者之间的非健康、非患病的状态，并将其称为“亚健康”状态或第三状态、灰色状态。联合国世界卫生组织将亚健康定义为：“亚健康是健康与疾病之间的临界状态，虽然各种医学检验结果为阴性，但人体却有各种各样不适的感觉。”

1.3.2 亚健康状态形成的原因

1. 心理失衡

古人云：“万事劳其行，百忧撼其心。”随着社会的快速发展，人们生活节奏显著加快，竞争日趋激烈，工作压力明显加大，使人思虑过度，素不宁心，从而导致心理失衡，机体出现各种不良症状。

2. 营养失衡

现代人饮食结构中往往热量过高，营养素不全；食品中含有的人工添加剂过多；人工饲养动物成熟期短，激素含量偏高等，这些都造成人体所必需的营养素缺乏及肥胖症增多，机体的代谢功能紊乱等。

3. 环境污染

大气、水、土壤、噪音、光、电磁波等一系列环境污染会造成人体心血管系统和神经系统功能紊乱，影响健康。

4. 不良生活方式

吸烟、酗酒、吸毒、滥用药物、缺乏体力劳动、过度疲劳、过分安逸、不合理的作息方式、不协调的感情生活等不良生活方式也是造成亚健康的主要原因。

1.3.3 亚健康的表现

亚健康的表现主要以个体主观感受为主，同时，伴有各种功能性的障碍或者自主神经功能紊乱，症状可以单一出现，也可以同时或交替出现。

(1) 失眠或嗜睡：失眠多见于精神紧张。嗜睡多与营养、内分泌、行为、躯体因素和病毒感染有关。

(2) 健忘：表现为记忆力下降，主要是短时忘记，长时记忆基本不受影响。

(3) 食欲不振：可见于任何因素引起的亚健康状态。

(4) 性欲降低：多由个人遭受各种压力而引起，严重者伴有阳痿、早泄、射精困难等症状。

(5) 烦躁：易激怒，情绪不稳定，易于失控或易于极端化。

(6) 情绪抑郁：对事物缺乏兴趣，常感到孤独无助；对前途悲观失望，同时缺乏人际交往的欲望。

(7) 焦虑不安：往往忧心忡忡、坐卧不安、疲乏无力且休息后不能缓解。

(8) 头痛、头晕、胸闷、心悸、气短：此类症状是躯体常见的症状，也是导致人们看病就医的原因。

(9) 泌尿系统症状：如尿频、尿急、小便色黄等。

(10) 消化系统紊乱：大便稀，轻微腹泻，腹部不适或有痛感等。

(11) 免疫功能降低：经常感冒、咽喉不适、口腔黏膜溃疡等。

(12) 其他症状：如肢体麻木、皮肤瘙痒、肌肉酸痛或抽搐。

1.3.4 亚健康状态自测

当人体处于亚健康状态时，虽然机体尚无临床症状或器质性病变，但机体的生理功能已经开始下降，比如自感体力下降，反应能力降低，精神状态欠佳，免疫能力低下。或者有不同程度的自我感觉不良的症状，此状态下的机体具有发生各类疾病的可能。由于亚健康状态是介于健康和疾病之间的一种状态，机体处于此状态时既可以向健康状态转化，也可以向疾病状态转化。对于亚健康状态的诊断很难界定，为此有亚健康专家专门提出了30种亚健康状态的症状供人们作自我检测。如果在以下30项现象中，存在6项或6项以上的症状，即可视为进入亚健康状态。

(1) 精神焦虑，紧张不安。
(2) 忧郁孤独，自卑郁闷。
(3) 注意力分散，思维肤浅。
(4) 遇事激动，无事自烦。
(5) 健忘多疑，熟人忘名。
(6) 兴趣变淡，欲望骤减。
(7) 懒于交际，情绪低落。
(8) 常感疲劳，眼胀头昏。
(9) 精力下降，动作迟缓。
(10) 头昏脑涨，不易复原。
(11) 久站头晕，眼花目眩。
(12) 肢体酥软，力不从愿。
(13) 体重减轻，体虚力弱。
(14) 不易入眠，多梦易醒。
(15) 晨不愿起，昼常打盹。
(16) 局部麻木，手脚易冷。
(17) 掌腋多汗，舌燥口干。
(18) 自感低烧，夜常盗汗。
(19) 腰酸背痛，此起彼安。
(20) 舌生自首，口臭自生。
(21) 口舌溃疡，反复发生。
(22) 味觉不是，食欲不振。
(23) 反酸嗳气，消化不良。
(24) 便稀便秘，腹部饱胀。
(25) 易患感冒，唇起疱疹。
(26) 鼻塞流涕，咽喉疼痛。
(27) 憋气气急，呼吸紧迫。
(28) 胸痛胸闷，心区压感。
(29) 心悸心慌，心律不齐。
(30) 耳鸣耳背，晕车晕船。

1.4 现代人的健康危机与健康的生活方式

1.4.1 现代人的健康危机

健康是21世纪最受关注的话题之一。现代社会的快速发展给人类带来文明的同时，也给人类健康带来了威胁，被称为“现代文明病”的非健康因素直接威胁着人类的健康，同时也给快速发展的经济带来了负面影响。

1. 不良行为与生活习惯

现代文明病或称为现代生活方式病，是由不良的生活习惯、饮食习惯所致，它包括体育活动减少、吸烟、酗酒、吸毒、性乱、饮食不当、情绪暴躁等不健康的行为。这些不良行为与生活习惯容易诱发心脑血管疾病、癌症、糖尿病、传染性疾病等，严重危害人类的健康。

大量调查证明，吸烟是目前危害人类健康的一个重要因素。吸烟能诱发多种疾病，降低人体的健康水平，甚至缩短人的寿命。吸烟的危害在于香烟中含有大量的有毒物质，这些有毒物质中危害最大的是烟碱（尼古丁）、焦油和微尘。尼古丁是一种难闻、味苦、无色透明的油质液体，在空气中极易氧化成暗灰色，通过口鼻支气管黏膜很容易被机体吸收，粘在皮肤表面的尼古丁亦可被吸收渗入体内，可以使人成瘾，是人体神经系统和血液循环系统的杀手；焦油是由好几种物质混合成的，在肺中会浓缩成一种黏性物质。焦油与喉痛、口腔癌、食管癌、胃癌，特别是肺癌关系密切；微尘则会刺激气管黏膜，引发咽喉炎、咳嗽、支气管炎和声带沙哑等疾病。

医学界将酗酒定义为：一次喝5瓶或5瓶以上啤酒，或者血液中的酒精含量达到或高于0.08 g/dL。酒精对肝脏的伤害是最直接也是最大的，它能使肝细胞发生变性和坏死，一次大量饮酒会杀死大量的肝细胞，引起转氨酶急剧升高；长期饮酒，还容易导致酒精性脂肪肝、酒精性肝炎，甚至酒精性肝硬化；大量酒精会杀死大脑神经细胞，导致记忆力减退；酒精会使心率加快，血压急剧上升，极易诱发脑猝死；酒精能损害食管和胃的黏膜，会引起黏膜充血、肿胀和糜烂，导致食管炎、胃炎、溃疡病；酒精还会影响脂肪代谢，升高血胆固醇和甘油三酯；长期酗酒还会造成身体中的营养失调和引起多种维生素缺乏症。所以平常应养成少饮或不饮酒的习惯，避免酗酒。

毒品是指鸦片、海洛因、甲基苯丙胺（冰毒）、吗啡、大麻、可卡因以及其他能够使人形成瘾癖的麻醉药品和精神药品。毒品通常分为麻醉药品和精神药品两大类。其中最常见的主要是麻醉药品类中的大麻类、鸦片类和可卡因类。大麻类毒品主要包括大麻烟、大麻脂和大麻油，其主要活性成分是四氢大麻酚。大麻对人体中枢神经系统有抑制、麻醉作用，吸食后产生快感，有时会出现幻觉和妄想，长期吸食会引起精神障碍、思维迟钝，并破坏人体的免疫系统。鸦片，俗称大烟，是罂粟果实中流出的乳液经干燥凝结而成的制品。因产地不同而呈黑色或褐色，味苦。生鸦片经过烧煮和发酵，可制成精制鸦片，吸食时有一种强烈的香甜气味。吸食者初吸时会感到头晕目眩、恶心或头痛，多次吸食就会上瘾。可卡因是从古柯叶中提取的一种白色晶状生物碱，是强效的中枢神经兴奋剂和局部麻醉剂。它能阻断人体神经传导，产生局部麻醉作用，并可通过加强人体内化学物质的活性刺激大脑皮层、兴奋中枢神经，吸食者会表现出情绪高涨、好动、健谈，有时还有攻击倾向，具有很强的成瘾性。

随着人们思想意识、道德观念、价值观念的改变和人际交往的日益频繁，人们的性行为也更为开放，这也导致由性传播的疾病在世界范围内迅速蔓延，病例逐年增长，对人类的健康和生命造成严重的危害。性传播疾病已成为严重的公共卫生和社会问题。性传播疾病不仅对人体健康造成严重的危害，包括引起各种并发症和后遗症，如不孕、异位妊娠、早产、流产和死胎等，还促进了艾滋病的传播和流行。性传播疾病的主要传播途径是不洁性交，为防止染上性传播疾病，必须保持良好的个人卫生，采取安全的性行为，最重要的是要洁身自好。

2. 环境的破坏与污染

近百年来，环境污染成为灾难性的问题。20 世纪全球水源、湿地减少了 50%，而污染上升了 50%；全球约有 10 亿人用不到清洁水，而我国城市的废污水净化处理水平才只能达到 15%左右甚至更低；城市噪声污染问题严重，有些地区已远超过国家规定的 80 分贝，而超过 106 分贝就会使人的听力丧失 79%，进而影响食欲；光污染造成的“光压力”和夜光造成的“不夜天”也威胁着人类的健康。人类不合理的生活方式、生产活动使自然环境的构成及状态发生了变化，扰乱和破坏了生态平衡，森林日益减少，土地荒芜，臭氧层空洞，气候改变，温室效应等都影响着全球的环境。环境质量的下降不但导致传染病、寄生虫病的继续蔓延，而且还导致恶性肿瘤、慢性病、职业病等发病率的上升。

3. 缺乏运动

科学技术革命和现代科技的发展在给人们带来许多便利的同时，也改变了人们的生活节奏和工作方式：交通工具的高速发展和计算机、电梯、电话、传真的诞生，使人们足不出户便可完成日常工作任务。人们在工作中脑力劳动占了主要部分，而体力活动却十分缺乏。据有关资料显示，在 20 世纪 90 年代人的运动量仅是 20 世纪 60 年代的 1/3，体力劳动与脑力劳动的比例由机械化初期的 9∶1 发展到全自动化时代的 1∶9。运动的严重缺乏成为危害人类健康的重要因素之一。

4. 营养不足和营养过剩

食品种类单一，常导致人体摄入的营养素不足，造成营养不良；而营养过剩则会导致肥胖和各种疾病的发生。无论是营养不足还是营养过剩对人体健康都是一种威胁。

5. 社会心理压力

现代社会是一个竞争激烈的社会，心理紧张感和压抑感成为最具代表性的心理压力现象。在现代社会转型时期，高效率、快节奏、强竞争的生存环境导致人们心理压力过大。目前全球有 3 至 4 亿人正承受精神疾病的痛苦，抑郁症患病率达 3%～5%。抑郁症成为世界四大疾病之一，并以每年以 11.3%的速度递增，具体表现为“三低”，即情绪低落、思维迟缓、语言和行为减少。另外，由于现代社会科技的高度发展，人与人之间的交往存在着许多障碍和隔阂，形成许多“壁垒”，如交往壁垒、情感壁垒、社交壁垒、友情壁垒等，造成人们感情淡化，对话减少，沟通贫乏。

1.4.2 健康生活方式

1. 健康的生活作息制度

人的生活要有规律，否则神经系统就不可能形成“动力定型”，从而导致人的生理机能下降，易使人体各器官处于紧张状态，久而久之，身体健康状况就会受到损害，各种疾病也会发生。所以应养成有规律、健康的生活作息习惯，有节奏地安排好自己的作息时间。

2. 保证睡眠

睡眠是人生活中的一个重要组成部分。人的一生有 1/3 的时间是在睡眠中度过的，好的睡眠对恢复体力、增强智慧、保持健康十分重要，是机体自我保护的重要生理活动。睡眠不仅能使身体得到休息，恢复体力，还能让大脑得到休息，恢复脑力。

3. 合理营养与平衡膳食

合理营养是健康的基础，而平衡膳食又是合理营养的根本途径。合理营养指通过膳食满足人体生长发育和各种生理需要，以及劳动强度及生活环境的需要，并且在各种营养素间建立起一种生理上的平衡。

平衡膳食，又称合理膳食或健康膳食，是指能够提供适宜人体热能和各种营养素需要的膳食。平衡膳食的基本要求：保证人体能量平衡；供给全面的各种营养素；满足营养素数量、比例的平衡；食物组成要全面；重视食物的合理搭配；重视合理烹调，减少营养素损失。

4. 戒烟限酒

吸烟对人体健康有百害而无一利，烟草中许多物质对人体有害，仅目前查明的致癌物质就有 40 多种。吸烟的长期危害主要是引发疾病和死亡，使心脏病及脑中风发作，促使慢性阻塞性肺疾病的发生。酗酒对人体的危害是毋庸置疑的，但适量饮酒有保健作用也是肯定的。酗酒易诱发胃癌、肝癌等疾病的发生。因此，生活中应做到戒烟限酒。

5. 劳逸结合

适度的紧张有利于健康，而过度劳累则有损于健康。如果长期处于疲劳、紧张状态，不仅会降低学习、工作的效率，还会引起血压升高、心血管动脉粥样硬化、心律失常、神经衰弱、消化性溃疡等疾病。在当今经济飞速发展、竞争空前激烈的时代，在快节奏的紧张工作与生活中，一定要注意劳逸结合，这样才能够在紧张的学习、工作中既提高效率，又预防疾病。

6. 科学锻炼身体

体育锻炼不仅能够强筋健骨，健壮体格，敏捷身手，同时也可以锻炼个人毅力，修身养性，使人们在做事情时能够做到持之以恒。适当的锻炼也是排遣心中压力的一种行之有效的方法。但是体育锻炼也是一把“双刃剑”，如果不遵守人体运动的基本规律，不遵守科学体育锻炼的原则，体育锻炼不仅不会增进人的健康，反而会破坏人的健康。所以在锻炼身体时，要掌握科学的锻炼方法与原则，以增强体质、增进身体健康。

7. 心理平衡

人的健康除了身体健康外，还应包括心理健康与社会交往方面的健康。人生活在世界上会遇到各种各样的心理、社会因素，如果对这些心理、社会因素不能正确处理，就全产生焦虑、抑郁、恐惧、紧张等情绪，甚至诱发疾病。良好的心境是健康的支柱，精神心理状态对身体的健康有重要影响，良好的心理状态有利于保护和稳定中枢神经系统、内分泌系统和免疫系统的功能，从而有利于保持身体健康，减少疾病的发生。

项目 2

职业实用性体能训练

知识目标

(1) 了解职业实用性体能训练的途径与手段。
(2) 了解职业实用性体能训练内容。
(3) 了解职业实用性体能训练的具体方法。

技能目标

(1) 掌握职业实用性体能训练的具体内容。
(2) 掌握并运用职业实用性体能训练的具体方法。

思政目标

树立正确的职业观、体育观,培养终身体育意识。

2.1 职业实用性体能训练的主要途径和手段

职业实用性体能训练是指利用身体练习为基本手段,根据职业人在从事职业工作和活动时对一般身体素质和基本活动能力的特殊需要开展的旨在保障身体活动水平、工作水平和社会适应能力的专门性教育途径和手段。开展职业教育实用性体能训练,可以充实和完善对职业活动有益的基本活动能力和身体素质储备,强化发展对职业重要的身体能力及其相关能力,在此基础上保障身体活动水平的稳定性,提高机体对不良劳动环境条件的耐受力和适应能力,以此保持和增进未来劳动者的健康。

2.1.1 主要途径

(1) 一般实用性练习。借助它可以形成在一般职业活动条件下和可能出现的极端情况下使用的运动技能。

(2) 职业实用性体操和职业实用性运动项目。职业实用性体操不仅要符合职业活动的要求,而且必须预防职业活动对身体和姿势所造成的不良影响。职业实用性运动项目无论在操作方式或身体能力方面，均需与职业特点相符合。

(3) 自然环境锻炼。如专设的高温舱、压力舱、人造紫外线辐射等对提高机体适应水平和抵抗职业活动在特殊条件产生的不良影响是十分必要的。

(4) 辅助性或针对性练习。根据职业活动对身体素质和技能的特殊要求，采取不同的身体活动方式的辅助性或针对性练习，以提高职业活动时个体的身体素质与心理素质。

2.1.2　主要手段

职业实用性身体训练的手段主要采用一般体育运动和竞技运动中的各种各样的身体练习动作，以及根据职业活动的特点进行改造和专门设计的练习。许多劳动类型是采用细小、局部性和区域性的动作，其本身无论如何不能有效地发展身体运动能力。当然，职业实用性身体训练并不一味排斥模仿劳动活动的某些特点。但是模仿并不是简单地在形式上对劳动动作的模仿，而是有针对性地训练职业必需的身体机能能力、运动能力及相关能力。

2.2　职业实用性体能训练的类别

目前我国的职业达到一千多个，不同职业的工作方式各不相同，对体能的要求也不尽一样，就是同一职业内部也存在不同的工种。因此，在开展职业实用性体能训练时需根据职业工种的具体特点进行选择，现将体能训练按职业岗位工作的身体姿势、“准”职业种类、职业工种以及职业体能的任务分别进行阐述。

2.2.1　根据职业岗位工作的身体姿势进行分类

按身体姿势进行分类的职业体能训练的主要内容如表2-1所示。

表2-1　按身体姿势进行分类的职业体能训练

身体姿势类型	职业示例	工作特征	体能的特殊要求	体能训练的主要手段
伏案型	文秘、金融、家电维修、计算机信息、财务会计等	大多在室内较长时间坐着进行职业活动，以脑力劳动为主	(1) 能较长时间保持充沛的体力、精力和注意力，反应敏捷地进行相对静止状态的脑力劳动 (2) 长时间工作容易导致精神紧张、体力不支、代谢水平降低，眼睛、脖子、背部酸疼，反应迟钝，肠胃功能降低等不良反应	(1) 定位运动：①颈部旋转运动；②手臂旋转运动；③双臂背后拉伸；④耸肩运动；⑤扩胸运动；⑥体侧运动；⑦体转运动 ⑧扭髋运动 (2) 活动性练习：①俯卧撑；②对墙倒立③仰卧举腿；④健身跑

（续表）

身体姿势类型	职业示例	工作特征	体能的特殊要求	体能训练的主要手段
站立型	警察、建筑、机械制造、纺织、化工等	在特殊环境中工作，以站立或行走为主要身体姿势	（1）需具有较强的体魄、充沛的体力、良好的心理素质以及在不利环境中保持职业性工作的能力 （2）长时间工作容易患静脉曲张、关节炎、髌骨和腰肌劳损、腰椎间盘突出症，甚至出现驼背、塌腰、屈膝等职业病	（1）定位运动：①伸展运动；②体前屈运动；③抱膝运动；④旋转运动；⑤捶击双臂；⑥拍打双腿运动；⑦合脚掌压膝 （2）活动性练习：①长跑；②仰卧起坐；③登山；④健身练习；⑤站立起踵；⑥拔背行走；⑦向后行走
综合型	地质、海洋、交通运输、营销、护理等	无固定身体姿势	（1）具有充沛的体力以适应连续工作的要求，对身体各部位的协调性和灵活性要求较高 （2）长时间工作对身体的影响是多方面的，其疲劳多为全身性的	（1）定位运动：①上肢运动；②下蹲运动；③体侧运动；④体转运动；⑤全身运动 （2）活动性练习：①俯卧撑；②仰卧举腿；③游泳；④健身运动；⑤定向越野

2.2.2 按“准”职业进行分类

按“准”职业进行分类的职业体能训练内容如表2-2所示。

表2-2 按“准”职业进行分类的职业体能训练

职业	体能的特殊需要	体能训练的主要手段
金融	腰背肌力量、颈部肌力量、尿道括约肌、手指灵敏性、脸部笑肌张力等	硬拉（从地面把杠铃拉起至身体挺直）、负重转体、颈部“米”字形弯曲、健身球练习、脸部肌肉运动操、瑜伽、小球类运动
保险、营销	下肢力量、一般耐力、攀登能力、灵敏素质、脸部笑肌张力	各种跑跳练习，各种跳绳，垫上前滚翻、后滚翻、横滚、向左右侧滚、跪跳起，各种越障碍跑、跳、钻活动，攀爬练习，脸部肌肉运动操，各种距离定时定速跑，小球类运动
经营管理	一般耐力、腰背肌力量、下肢力量、协调素质	各种跑跳练习、各种跳绳、各种距离定时定速跑、各种负重练习、仰卧起坐、俯卧挺身、小球类运动
国际商务	灵敏性、协调性、脸部笑肌张力	各种跳绳，垫上前滚翻、后滚翻、横滚、向左右侧滚、跪跳起，各种越障碍跑、钻活动，脸部肌肉运动操，小球类运动
会计信息	腰背肌肉力量、手指灵敏性、协调性	仰卧起坐、俯卧挺身、各种方式提拉重物、负重转体、健身球练习、各种跳绳、小球类运动

（续表）

职业	体能的特殊需要	体能训练的主要手段
文秘	一般耐力、腰背肌肉力量、脸部笑肌张力	仰卧起坐、俯卧挺身、各种方式提拉重物、负重转体、各种距离定时定速跑、脸部肌肉运动操
民航乘务	平衡能力（抗眩晕）、一般耐力、脸部笑肌张力	体操运动、技巧运动、各种距离定时定速跑、越野跑、脸部肌肉运动操
社区服务	攀登能力、一般耐力、腰背肌肉力量	登山、仰卧起坐、俯卧挺身、各种方式提拉重物、负重转体、各种距离定时定速跑、越跑、攀爬练习

2.2.3 按职业工种进行分类

按职业工种进行分类的职业体能训练内容如表 2 - 3 所示。

表 2 - 3 按职业工种进行分类的职业体能训练

职业工种	体能的特殊需求	体能训练的主要手段
地质	高山缺氧对工作能力的影响，如无氧耐力、野外生存等基本知识	登山、远足、定向越野、拓展训练
医学	体育运动的一般医务救护知识	体育活动中的医务监督、运动按摩、运动损伤与急救
河运、水运、海洋	无氧耐力、自然力锻炼方法	竞技游泳、实用游泳、水上救生
建筑工程	身体本体感觉与平衡能力	竞技体操、技巧运动
法律	爆发力、速度反应、抗挫能力、灵敏	散打、拳击运动、小球类运动
金融	反应速度、抗击、防卫能力、形体礼仪、抗疲劳能力	防身术、拳击、散打、太极拳、瑜伽、形体礼仪
林业	定向能力、耐力练习方法	远足、登山、定向运动、拓展训练
乘务	身体本体感觉与平衡能力、速度反应、空中逃生、交际能力	体操运动、技巧运动、形体礼仪、拓展训练
物业社区管理	腰背力量、意志力、抗挫能力、抗疲劳能力、交际能力	登山、仰卧起坐、形体礼仪、小球类运动
保险、营销	下肢力量和一般耐力、交际能力、表达能力、快速反应能力	各种跑跳练习、跳绳、远足、登山、形体礼仪、各种小球类运动
车工、铣工、切削工、钻工	要求发展肩带肌、躯干肌和脚掌肌力量，发展平衡能力，一般耐力、下肢静力性耐力、上肢动作的协调性和准确性、目测力、注意力的专注	各种走、左脚和右脚交换跳跃，体操棒、环、实心球、哑铃练习，爬绳，滚、翻、头手倒立，重物投掷，装配和摆放物件等，田径运动、篮球和手球

（续表）

职业工种	体能的特殊需求	体能训练的主要手段
无线电安装员、装配工、绘图员、缝纫工、种表工	要求发展一般耐力、手指协调性、动作的准确性、触觉的敏感性、注意力的专注、反应的速度	300 米跑、1 000 米跑、跳绳、体操凳练习、俯卧体后屈、两手要网球、篮球运球、投篮、排球、乒乓球、手球
吊车司机、洗车司机、建筑和农业机械驾驶员	要求发展上肢和下肢协调性、上肢和肩带肌肉静力性耐力、一般耐力、简单和复杂反应、注意力的转换能力	实心球、哑铃、橡皮缓冲装置练习，加速运球和听信号急停，左右手同时运球、听信号加速、听信号蹲踞式、站立式起跑、体操、篮球
木工、瓦工、粉刷工、油漆工、石工	发展肩带和下肢肌肉、静力性耐力、前庭稳定性、灵敏性，在高空和有限地点爬楼梯、爬绳、爬竿和跳跃中保持平衡的能力	沿纵放、斜放、横放的梯上做攀爬练习，肋木练习和爬绳练习，头手倒立和手倒立、窄木行走、负重和对抗练习、在不高处跳下练习，竞技体操、技巧运动、跳水
传送带装配工	要求发展动作速度和准确性，动作的灵敏性和协调性	30 米跑，按标记跳远、支撑跳跃，篮球变换方向、速度运球、传球、投篮，滑雪、排球、足球、田径
安装工、调整工、修理工	发展手指灵巧性、上肢动力性和静力性耐力，上肢、肩带和躯干的力量和耐力，平衡和一般耐力	哑铃、实心球、橡皮减震器、体操凳和肋木练习、杠铃、壶铃练习，举重和搬运重物，投掷小球、手榴弹，推铅球，运动准确性和灵活性练习
采矿工	要求发展肩带肌、背肌力量和耐力、灵敏性和柔韧性	器械练习（体操棒、实心球、哑铃），攀爬练习，跳远、体操、摔跤
控制台操作员、畜牧业工人、农艺师和其他农业工人	提高动作速度、反应速度、协调性、躯干肌肉的静力性耐力，培养在紧张的情况下完成动作的能力	徒手、器械体操练习，体操凳、肋木练习，接力、耐力性、准确性、灵敏性游戏，篮球、手球、排球、乒乓球

2.2.4 按职业体能的任务进行分类

按职业体能的任务进行分类的职业体能训练内容如表 2－4 所示。

表 2－4 按职业体能任务进行分类的职业体能训练

特殊体能需求	训练手段	活动方式与作用
塑形体健美、发展腰背肌力量、发展颈部肌力量	健身运动、健美运动	健身与健美运动是根据职业工作中特殊身体素质的需要，利用一定的器械设备为发展身体腰背肌肉力量和颈部肌肉力量而进行的身体锻炼或训练 女性以有氧运动（平衡操、健美操、仰卧起坐等项目）为首选，还可考虑现有的体形，如瘦高者多做投掷、器械操等，矮胖者多练跳远、短跑、单杠、引体向上
发展手指灵巧性，上肢动、静力、耐力、躯干肌力量	综合运动	两手要网球、篮球运球、投篮、哑铃、实心球、橡皮减震器、体操凳和肋木练习、杠铃、壶铃练习，搬运重物，投掷小球、手榴弹，推铅球，球类运动，动作准确性和灵活性练习，注意力游戏，体操、击木游戏、冰球

（续表）

特殊体能需求	训练手段	活动方式与作用
反应速度、动作速度、防卫能力	跆拳道、防身术、安全教育	培养迅速反应能力、应急能力、随机应变能力、安全防卫能力以及擒拿格斗技能，较熟练地掌握格斗技术
发展体能	有氧运动	运用身体大肌肉的有氧运动，如游泳、慢跑、骑自行车等，每分钟最大心跳率控制在 150～160 次/分，这类运动较不激烈，但对体能的提升很有帮助，最好每个星期至少 3 天，每次至少做 20～30 分钟
抗视疲劳	运动按摩	将无名指的指尖放在太阳穴上，轻轻地使力按压 5 次。然后再合上双眼，将无名指及中指的指尖放在上眼的眼睑处，由眼头位置开始轻轻按压至眼尾，重复动作做 7～8 次，从而促进眼部血液循环，加快生理性疲劳的消除，建议每隔 1 小时一次
发展体能	非隔网性球类项目	通过非隔网性球类项目（如篮球、足球等），在充分训练体能的同时，培养团结协作精神、提高竞争意识和遵守行为规范能力，建议每周一次
工作耐力、运动减肥	跳绳运动	跳绳能增强人体心血管、呼吸和神经系统的功能，可以预防诸如糖尿病、关节炎、肥胖症、骨质疏松、高血压、肌肉萎缩、高血脂、失眠症、抑郁症、更年期综合征等多种病症，也有利于女性的心理健康；从运动量来说，持续跳绳 10 分钟，与慢跑 30 分钟或跳健身舞 20 分钟相差无几，可谓耗时少、耗能大的需氧运动。在业余休闲时间，初学时，在原地跳 1 分钟；3 天后即可连续跳 3 分钟；3 个月后可连续跳上 10 分钟；半年后每天可实行系列跳（如每次连跳 3 分钟，共 5 次），直到一次连续跳上半小时。一次跳半小时，就相当于慢跑 90 分钟的运动量，已是标准的有氧健身运动

2.3　职业实用性体能训练的主要练习方法

2.3.1　发展上肢、肩速肌群力量的练习

1）俯卧撑

俯卧，两足跟并拢，脚前掌着地，两手撑地与肩同宽，四指向前，收臀紧腹连续臂屈伸。

2）斜身引体

仰卧，两臂与肩同宽手正握低单杠，收腹、挺胸、屈两臂，引体使胸部贴单杠，然后伸直两臂还原成仰卧开始姿势，如此重复进行。

3）坐撑举腿

坐立两手体后撑，两腿屈膝并拢，向上交替或同时举两腿。

4）立卧撑

由直立姿势开始，下蹲两手撑地，伸直腿成俯撑，然后收腿成蹲撑，再还原成直立。

2.3.2 灵敏性练习

(1) 进行各种游戏。

(2) 进行各种不同方向的变向跑。

(3) 进行篮球、足球或手球比赛。

(4) 进行垫上前滚翻、后滚翻、横滚、向左右侧滚、跪跳起等。

(5) 进行各种跳绳。

(6) 进行各种越障碍跑、跳、钻活动。

(7) 两人一组，面对面站立，互相摸对方的背部，要求积极主动摸对方，同时尽量不让对方摸着自己。

(8) 两人一组，一人连续做各种动作，另一人模仿做同样动作。

2.3.3 柔韧性练习

(1) 两手手掌相对，手指接触的互相压振。

(2) 手腕绕环，脚腕绕环，腰及肩绕环。

(3) 两臂上下摆振。

(4) 直体体前屈，手摸脚尖或摸地。

(5) 手扶肋木做各种压肩、压腿等。

(6) 跪坐在脚跟上，压踝关节。

(7) 坐在地上做各种压伸动作。

2.3.4 协调性练习

(1) 进行各种身体练习的组合练习。

(2) 进行专项技术的组合练习。

2.3.5 力量素质练习

1) 发展上肢、肩带肌群力量

(1) 通过各种方式做俯卧撑。

(2) 横梯悬垂移行、双杠支撑移行、双杠上下追逐跑。

(3) 通过各种方式推举哑铃。

(4) 通过双杠支撑摆动臂屈伸。

(5) 单杠引体向上、只用手或手脚并用爬绳(杆)。

(6) 利用肋木做各种拉引动作。

(7) 绕腕练习——手持哑铃于体前或体侧做绕8字练习。

(8) 哑铃快速推举、头后举、前平举、绕肩、前臂屈伸、手腕屈伸。

(9) 转臂练习——手持哑铃于体侧做旋内、旋外练习。

2) 发展腹、背肌群力量

(1) 徒手或利用器械做各种方式的仰卧起坐。

(2) 仰卧两头起、仰卧起坐。

(3) 利用各种器械做各种方式的收腹举腿。

(4) 各种方式提拉重物。

(5) 传接球练习——两人背靠背分腿站立，其中一人手拿实心球，两人同时向一个方向转体，将球传给另一个人，轮换练习。

(6) 屈伸练习——肩负杠铃分腿站立做屈伸练习。

(7) 俯卧挺身练习——俯卧于垫上，两手相握放于背后，头部和上体做后仰。

(8) 负重转体——肩负杠铃分腿站立身体向左右旋转。

3) 发展下肢肌群力量

(1) 立定跳远、跨步跳、多级跳、纵跳摸高。

(2) 通过各种方式跳绳。

(3) 徒手越过障碍物的各种方式单、双脚跳。

(4) 负重深蹲起——下蹲较慢，起立加快。

(5) 负重半蹲提踵。

(6) 负重跨步走。

(7) 负重半蹲跳。

(8) 跳台阶练习。

4) 发展全身肌群力量

(1) 立卧撑。

(2) 举重物(女生 12.5 g，男生 20 kg)。

(3) 各种方式投掷沙袋、实心球(女生 1.5 kg，男生 2 kg)。

(4) 低单杠和高单杠连续翻身上。

2.3.6 速度素质练习

1) 反应速度

(1) 听口令，看信号的各种起跑，如站立、蹲式、背向跳起落下后马上起动。

(2) 听哨音变速跑，快速冲跑 10～15 m。

(3) 听口令变向跑——在快速移动中听信号后突然变向冲跑 10 m。

(4) 听口令快速转身跑，反复几次。

(5) 听、看信号后突然做出相应的动作，如教练员喊 1、2、3、4 中某一个数字时，运动员应及时做出事先规定的相应动作。

2) 动作速度

(1) 按慢—快—最快—快—慢的速度节奏进行原地 5、3、5、3、5 步小跑、高抬腿跑。

(2) 高频率跑楼梯台阶。

(3) 快速立卧撑。

(4) 高频率跨越障碍物(羽毛球)：10 个羽毛球一字排开，两球间距离 1.2～1.5 m。

(5) 20 次一米十字跳。

(6) 单、双摇跳绳，两脚交替跳绳。

3）移动速度

(1) 各种距离(30 m、50 m、60 m、100 m、200 m)的快速跑。

(2) 10～15 m 往返折回跑(要求快速转身)。

(3) 越过障碍的速度练习——以最快速度迂回 20 m 中若干个障碍物(球筒)。

(4) 前后跑——向前跑 8 m,后退跑 8 m。

(5) 四角跑——边长约 6 m,要求在拐角处变换方向。

(6) 接力跑。

2.3.7 耐力素质练习

(1) 跑走交替。

(2) 越野跑和自然地形跑。

(3) 定时跑。

(4) 规定距离与速度的重复跑。

(5) 一分钟立卧撑。

(6) 连续半蹲跑。

(7) 连续跑台阶。

(8) 原地间歇高抬腿跑。

(9) 长距离多级跳。

(10) 连续跳深。

(11) 连续跳起投篮。

(12) 连续跳栏架。

(13) 变速跑。

(14) 两人追逐跑。

项目 3

职业健康与保健

知识目标

（1）了解体育锻炼的具体要求。
（2）了解体育锻炼的卫生要求。
（3）了解常见运动损伤的预防与处理。

技能目标

（1）掌握职业病的安全防护。
（2）掌握高职学生常见运动损伤的预防与处理。

思政目标

（1）树立正确的体育观、健康观，培养终身体育的意识。
（2）树立正确的学习观、价值观、自觉践行行业道德规范。

3.1　体育锻炼的卫生要求

体育锻炼必须遵循人体在运动时的生理变化规律，符合运动卫生的要求，才能获得良好的效果。由于体育运动是促进健康的一种手段，所以体育运动与卫生保健有着密切的关系。锻炼者掌握一些运动生理学、运动损伤的预防与急救等有关的卫生保健知识，用以指导体育锻炼从而获得最佳锻炼效果，是非常必要的。

3.1.1　运动前的体检和心理准备

制定运动健身计划的前提条件，是需要准确地掌握自己的身体健康状况。以确保锻炼者的健康，防止运动意外伤害的发生。锻炼者在参加运动或康复运动前，都必须进行运动前的体检。

1. 运动前的自我评价测验

为了保证锻炼者能安全、愉快、有效地参加健康的体育运动，为此，锻炼者在运动前填写一份准备参加锻炼的问卷是很必要的，如表 3-1 所示。问卷包括 7 个问题的自我评价测验表。

表 3-1　自我评价测验表

序号	问　　题	是	否
1	是否有医生曾说过你的心脏有问题，并只能在医务人员监督下进行运动		
2	当你运动时，是否感到胸部疼痛		
3	在过去几个月中，当你未做任何身体活动时，是否发生过胸部疼痛		
4	你是否出现过因头晕而摔倒甚至昏迷		
5	你是否有因改变健身活动项目而加重骨或关节问题		
6	医生是否正在为你的血压或心脏状况开处方药物		
7	你是否知道你为何有不能参加运动的其他任何原因		

（资料来源：ACSM. 运动监测和处方指南（第 4 版），1991）

说明：

(1) 第 5 个问题是一个骨、关节问题，是一个你制定或修改运动方案要涉及的问题。

(2) 如果你对所有问题的回答都是否定的，那么，就能参加更多的有规律的健康促进运动；但需要注意循序渐进，这是一个既安全又容易有效果的方法。

(3) 参加体适能评价测验是一个测定你的基本体适能，并据此制定最佳的运动方案最好办法。

(4) 如果你因暂时有病如感冒或发热而感觉不好，可推迟参加更多的运动，一直等到你感觉好一些再开始。

2. 心电图运动试验

标准的心电图运动试验，常用来诊断和评价一个人是否具有潜在的冠心病危险因素，或是对已证实患有心血管疾病的人评价治疗效果，或用来检测心血管病人进行康复运动时的能力。它可为运动处方的设计与制定提供信息。

3.1.2　做好准备和整理活动

体育运动过程是人体由静态——动态——静态的变化过程。准备活动和整理活动就是实现这种变化的过渡手段。

1. 准备活动

准备活动是体育锻炼前进行的有目的的身体练习，它能有效地使人体各部位、各系统，从静止、抑制状态逐步过渡到兴奋、紧张状态，克服机体的生理惰性，使体温和肌肉温度升高，从而为身体锻炼加大负荷和提高心理适应做好准备。

一般性准备活动通常采用慢跑、伸展性练习与各种徒手或器械操等一般性身体练习。专门性准备活动应安排在准备活动的最后阶段。准备活动的时间一般控制在 10～15 min 左右，运动强度以心率为 100～120 次/min 为宜，准备活动要根据运动项目的特点、季节气候、运动水平及个性特点等因素加以调整，通常以身体发热或微微出汗为宜。

2. 整理活动

整理活动是锻炼者在完成运动锻炼后进行的中、小强度的运动，通过轻松、缓慢的整理放松活动过程，使人体由紧张状态逐步恢复到相对安静状态，以达到调节机能、减轻肌肉酸痛、消除疲劳的效果。

整理活动应侧重于全身性放松。一般性的整理活动采用调整呼吸运动和自然放松走、慢跑、徒手放松练习、简单的舞蹈动作组合、自我按摩和相互按摩等。

3.1.3 运动场地、器材的卫生要求

运动环境是指人们进行体育运动时所处的外界条件，如空气、水、场地和建筑设备等。良好的运动环境可以激发锻炼者的运动情绪和提高锻炼效果，反之，可抑制锻炼者的情绪，还可能引起生理异常反应或诱发运动损伤。所以运动场地、器材是否符合卫生要求，是关系到体育锻炼的效果和锻炼的安全问题，必须加以重视。

1. 运动场地的卫生要求

运动场地的位置选择要避开污染区，交通方便，利于群众开展体育活动，靠近水源；运动场地周围应合理栽种树木花草，这样可以改善体育场地的空气环境；室外田径场要求跑道平整，富有弹性，无浮土，无积水；选择篮、排球运动场地应平坦结实，无碎石、浮土，不滑，最好是三合土地面；足球场最好有草皮，球场周围不应有任何障碍物。

室内场馆要求地面应平整结实不滑，无浮土，光线应充足。室内应经常保持清洁卫生，要通风透气，空气新鲜。室内外体育器材必须经常检查维护，确保锻炼者能安全使用。

2. 运动器械的卫生要求

运动器材的好坏不仅关系到锻炼者的安全问题，同时对锻炼者的心理也产生很大的影响，如对技术水平的发挥和运动情绪等。因此，锻炼者使用运动器械既要符合卫生要求，也要符合技术要求，对器材的卫生、重量、大小以及稳固性等都有着标准要求。

3.1.4 运动服装的卫生要求

锻炼者穿着合适的运动服装，不仅有助于体育锻炼和提高运动成绩，而且可以减少伤害事故的发生。锻炼者选择运动服装应合体，并且要注重服装的保温性、透气性、吸湿性、溶水性和其他性能。夏季运动服装应色浅轻薄，透气而易于散热。经常从事体育锻炼的人，要勤洗勤换运动衣裤，尤其是内衣裤，以免汗液和细菌侵害机体健康。

运动鞋袜的大小要合适，应轻便、弹性好，具有良好的透气性。运动时切勿穿凉鞋、皮鞋或赤脚。硬、滑或过松的鞋袜容易对身体造成运动损伤。

3.1.5 夏季体育锻炼卫生常识

1. 忌锻炼后立即洗凉水澡

夏天由于气候炎热，锻炼者在体育锻炼过程中往往汗流浃背，有时为了贪图一时痛快，体育锻炼后立即就去洗凉水澡。其实这样做对身体健康是有害无益的。因为体育锻炼时，全身的新陈代谢十分旺盛，体内所产热量大增，皮肤中的毛细血管也大量扩张，以利于体热的散发，如果体育锻炼后立即去洗凉水澡，会使毛细血管骤然收缩，不利于体热的散发，虽然在洗凉水澡的一刹那会觉得凉爽，但过后又会使人感到热不可耐。同时，突然遇到冷的刺激会使体表已张开的汗孔骤然关闭，容易生病。

2. 忌大量饮水

夏季体育锻炼者由于出汗多会感到口干舌燥，但这个时候千万不可大量饮水，否则对身体健康有害。因为体育锻炼时机体各个器官、系统进行了紧张的工作，此时需要休息，以便及时消除疲劳。如果这时大量饮水，会给消化系统、血液循环系统，尤其是给心脏增加沉重的负担。同时，由于天气炎热，锻炼时出汗过多，体内的盐分已随着排汗而大量丧失，如果这时再大量饮水，出汗会更多，盐分也会进一步丧失，从而导致出现抽筋、痉挛等现象。

3. 忌大量吃冷饮

体育锻炼时由于肌肉的运动会引起体内血液的重新分配，使体内大量的血液流向运动肌肉和体表，而消化器官则处于相对的贫血状态。由于冰冻饮料温度过低，如果这时大量食用，会强烈刺激已经处于暂时贫血状态和胃酸浓度不足的胃脏，容易损伤其生理功能。如果夏天体育锻炼之后大量吃冷饮，轻者会使食欲减退，重者则会导致急性胃炎，甚至为日后发生慢性胃炎、胃溃疡等疾病埋下祸根。

4. 忌在强烈的阳光照射下锻炼

夏天如果常在强烈的阳光照射下进行体育锻炼，对身体将会产生不良的影响。因为阳光中的紫外线，在夏天格外强烈，人体如果长时间受到照射，紫外线将会透过毛发、皮肤、头骨而辐射到脑膜和脑细胞中去，容易使大脑发生病变，也会导致类似中暑的症状。因此，夏天体育锻炼的时间最好安排在早晨和16时以后进行。

3.1.6 冬季体育锻炼注意事项

1. 忌不做准备活动

在体育锻炼前做些简单的四肢运动，对安全有效地锻炼身体有好处。因为在寒冷的冬天，人体因受寒冷的刺激，肌肉、韧带的弹性和伸展性明显降低，全身关节的灵活性也较夏秋季节差得多。锻炼前不做准备活动，则会引起肌肉韧带拉伤或关节扭伤，致使锻炼不能正常进行。锻炼前，身体各部位及运动系统的有关区域都处于安静和抑制状态，做准备活动会使人体各部位及运动系统从静止、抑制状态逐步过渡到兴奋、紧张状态，从而为身体随锻炼加大负荷做好准备。

2. 忌雾天锻炼

雾是由无数微小的水珠组成的，这些雾珠中含有大量的尘埃、病原微生物等有害物质。如在雾天进行锻炼，会产生呼吸困难等症状，严重者会引起鼻炎、气管炎、结膜炎以及其他病症。雾天湿度大，还会影响皮肤对体热的散发，对锻炼也不利。

3. 忌锻炼时用嘴呼吸

无论是锻炼时还是在平时，都应养成用鼻子呼吸的习惯。因为鼻孔里有很多毛，能够滤清空气，使气管和肺部不受尘埃、病毒的侵害。冬季锻炼，空气温度低，冷空气经过鼻腔时，已经得到加温、湿润，再进入肺部就不会产生强烈刺激了。用嘴呼吸则会使冷气直接进入肺部而产生强烈刺激，从而引起不良后果。

4. 忌不注意保暖

冬季锻炼不可忽视保暖，否则会引起伤风感冒。开始锻炼时不必立即脱掉外衣，待身体发热时再逐渐减衣。也不要等大汗淋漓时再脱衣服，因为那时内衣已被汗水浸湿，经冷风一吹，容易感冒。锻炼结束时，应擦干身上的汗水，并立即穿上衣服，以免身体着凉引起感冒。

3.2　女性体育的卫生要求

女性由于身体结构和生理特点上均不同于男性，因而在参加体育锻炼时，对运动项目的选择、运动量的控制上应有别于男性。

3.2.1　女性体育锻炼的一般要求

女性在生理结构上有其自己的特点，从体型方面来看，肩部较窄，骨盆较宽，躯干相对较长，这使得女性的身体重心较低，有利于维持平衡，对完成下肢的平衡动作较为有利。但上肢的臂力较弱，故对支撑、悬垂和大幅度的空中摆动等动作的能力低于男性。从内脏器官生理功能水平来看，女性的心脏、胸廓的体积都小于男性，因此表现出呼吸深度浅，频率快，容易产生疲劳。因此，根据女性的生理、心理、身体机能和身体形态的特点，选择合适的运动项目和运动量，克服和改善女性的生理弱点，采用积极手段和选择科学的锻炼方法，才能收到良好的锻炼效果。女性参加体育锻炼应考虑以下特点：

(1) 利用女性爱美心理和柔韧性较好的特点，可侧重选择一些节奏性较强、轻松活泼的练习，例如艺术体操、健美操、体育舞蹈等项目的运动。但对于两臂支撑、悬垂、静力性等练习应适当降低要求。

(2) 为塑造形体美，可选择一些增强腰背肌、腹肌和骨盆肌的力量练习，例如仰卧起坐、仰卧举腿、踢腿、摆腿之类的练习以促进正常发育。但选择力量性练习时，注意负荷不宜过重，时间不宜过长。一些对腹腔、盆腔震动较大的动作不宜练习。

(3) 女性皮下脂肪较多，因而耐冷，用脂肪作能源的利用率较高，故热能供给较充足，非常适宜从事游泳健身运动。但经期要注意保暖，不宜参加水下活动，以免细菌从阴道进入子宫、输卵管等，引起炎症影响身心健康。

(4) 运动时还应注意保护乳房。跑步时，未加保护的乳房的颤动可对胸部产生约 30 磅(133.5 N)的撞击力，如不加保护，长期运动会导致乳头发炎，致使乳房组织松弛。特别是在从事身体接触性对抗运动项目时，更应加强自我保护，防止不必要的撞击和损伤。

3.2.2　月经期的体育锻炼卫生要求

月经是女性的正常生理现象。身体健康、月经正常者一般不出现明显的生理变化，在经期从事适当的体育锻炼对促进新陈代谢、改善盆腔的血液循环，减少经期的盆腔充血、缓解小腹下坠及腰痛等感觉是有益处的。运动时腹肌的收缩与放松交替进行有助于经血的排出。另外，经期参加适当的体育运动可使大脑皮层兴奋和抑制作用更加协调，有利于调节经期的情绪，使人精神愉快，从而减轻经期易激动、烦躁的症状。所以，身体健康、经期正常，不必停止必要的体育运动，但可适当调整运动量和运动项目。但女性在月经期间参加体育锻炼，应注意以下几点：

（1）经期运动量要适宜，避免做剧烈的跑、跳、腹压加大的练习，也应避免做强度大的力量、耐力性练习。

（2）经期不宜参加游泳、长跑、跳跃和持续性较长或较快的运动。

（3）不宜参加对抗性较强的运动和竞赛。

（4）经期要避免寒冷刺激，如冷水浴锻炼，以免发生痛经、闭经或月经淋漓不净等状况。

（5）如果出现月经紊乱、痛经等现象，则应暂停体育锻炼。

3.3 防止和消除运动性疲劳

运动性疲劳是指人体运动到一定的时候，运动能力及身体功能暂时下降的现象，经过适当的休息和调整可以恢复到正常的机能水平。体育锻炼的过程就是：运动—疲劳—休息—恢复。运动性疲劳是人体运动过程中发生的正常生理现象，对人的身体并无害。它是一种警报信号，或者是一种健康的保险阈。它提示锻炼者不能过度疲劳。但是，如果人经常处于疲劳状态，前一次运动产生的疲劳还没来得及消除，而新的疲劳又产生了，疲劳就可能积累，久而久之就会产生过度疲劳，影响身体健康和运动能力。如果运动后能采取一些措施，就能及时消除疲劳，使体力很快得到恢复，消耗的能量物质得到及时的补充甚至达到超量恢复，就有助于训练水平的不断提高。

3.3.1 运动性疲劳的判断

判断运动性疲劳的出现及其程度对科学地锻炼身体、增强体质，合理地安排运动强度及提高运动成绩都有着重要意义。在学校体育运动和自我锻炼中，对运动性疲劳程度的判断，一般通常采用自觉症状（例如：疲乏、头晕、心悸、恶心等）和客观体征（例如：面色、排汗量、呼吸、动作、注意力等）以及客观指标（各器官、系统的生理、生化指标的变化情况，例如：肌肉力量、肌肉硬度、握力、心电图、心率、反应时肌腱反射、肺活量、血压、尿蛋白等）来综合评定。通常为了锻炼者在运动中便于判断运动性疲劳及其程度，可采用比较直观简易的方法来判断，如表 3－2 所示。

表 3－2 运动性疲劳对照表

内容	轻度疲劳	中度疲劳	重度疲劳
自我症状	无任何不舒服	疲乏、腿痛、心悸的感觉	除疲乏、腿痛、心悸外，尚有头痛、胸痛、恶心甚至呕吐等征象，而且这些征象持续时间较长
面色	微红	较红	面色苍白或发青
排汗量	微量排汗	中量排汗	过量排汗

（续表）

内容	轻度疲劳	中度疲劳	重度疲劳
呼吸	稍有加快	明显加快	加快并节奏紊乱
动作	保持正常的速度，动作轻松自如	速度及动作稳定性稍有下降	动作摇摆，稳定性差，速度明显下降，动作不协调
注意力	能明确执行指令	执行指令不准确，改变方向有时出现错误	执行指令缓慢，只有大声口令才能接受
恢复速度	睡一夜即可恢复	休息一两天后即可恢复	休息近1周才能恢复

3.3.2 消除疲劳的方法与措施

1. 消除运动性疲劳的方法

（1）改善代谢法。此类方法指用各种方法使肌肉放松，改善肌肉血液循环，加速代谢产物排出。常用方法有整理活动、水浴、蒸气浴、理疗、按摩等。

（2）调节神经系统法。通过调节中枢神经系统，降低交感神经兴奋性，增加迷走神经的兴奋性，加强机体的合成代谢功能，使机体尽快恢复。常用方法主要有睡眠、放松练习、音乐疗法。

（3）补充法。通过补充机体在运动中大量失去的物质，促进疲劳消除。可采用营养物质补充法、中医药的调理等方法。

消除运动疲劳的方法很多，单独使用某一种方法，是很有局限性的，必须综合应用才能有较好的效果。因为疲劳的发生的原因很多，而又有个体的运动能力等方面的差异，所以对疲劳的分析必须综合考虑。

2. 消除疲劳的措施

锻炼后产生的运动疲劳如得不到及时消除，体力恢复不充分，势必影响到继续锻炼及工作学习的精力。因此，在运动疲劳之后，为加速疲劳的消除可采取下列措施：

（1）静止性休息——睡眠。锻炼导致身体疲劳之后，保证良好而充分的睡眠是使身体得到恢复的重要措施。同时，身体劳累之后，坐下或躺下进行安静休息，也有助于疲劳的消除。

（2）活动性休息——适宜运动。早在20世纪，生理学家就发现当局部肢体疲劳之后，可通过使另一部分肢体肌肉的适当活动来加速已疲劳的肌肉的体力恢复，故称之为活动性休息。之后很多生理实验研究证实，当局部疲劳后，可利用未疲劳的另一些肌肉进行一些适当活动，借以促进全身代谢过程，加速疲劳消除。当全身疲劳时，也可通过一些轻的、兴趣高的体力活动来达到加速消除肌肉代谢产物的目的。

（3）物理性恢复手段。按摩、光疗、电疗等对促进疲劳肌肉的代谢过程、加速疲劳消除有积极意义。此外，如热水浴、吸氧、空气负离子吸入等对疲劳消除也有益。

（4）合理补充营养。在运动疲劳后，饮食中要有较充分的糖和蛋白质补充。如果是长时间的锻炼，体内能源供给大部分来自脂肪，这类耐力性运动疲劳后，应根据负荷的程度适当食用一些脂类食品。此外，疲劳后要注意维生素和无机盐的补充，维生素 C、维生素 B_1、维生素 B_2、维生素 A、维生素 E 等对疲劳的消除有重要作用。同时，各种高能运动饮料、电解质运动饮料及一些营养滋补剂等对体力恢复也有益。

(5) 心理调节。情绪因素对疲劳的消除也有不容忽视的作用，积极向上、乐观愉快的情绪有助于加速疲劳的消除。如欣赏优美动听的音乐、做些自我心理控制与放松调节等对体力恢复都有促进作用。

运动性疲劳的恢复是一个复杂的过程，恢复过程中要做到全面、系统、科学。

3.4 运动损伤的预防与处理

3.4.1 运动损伤的原因

在体育运动中所发生的损伤，统称为运动损伤。大学生造成运动损伤的原因是多方面的，既与锻炼者的运动基础、体质水平有关，也与运动项目的特点、技术难度以及运动环境等因素有关。其主要原因有以下几个方面：

(1) 思想麻痹大意是所有运动损伤因素中最主要的因素。其中包括运动前不检查器械、预防措施不得力、好胜好奇，常在盲目和冒失行动中受伤。

(2) 运动前准备活动不充分，特别是缺乏针对性的准备活动，会使运动、内脏的器官功能没有达到运动状态而造成损伤。

(3) 运动情绪低下，或在畏难、恐惧、害羞、犹豫以及过分紧张时也易发生伤害事故。有时还会因缺乏运动经验、自我保护能力而致伤，摔倒时如用肘部或直臂撑地，就会造成肘关节或尺、桡骨损伤。

(4) 内容组合不科学，方法不合理，纪律松散以及技术上的错误等都可造成损伤，如投掷标枪时上臂外展，屈肘小于 90°，肘部低于肩部时，容易造成肌肉拉伤。

(5) 运动场地狭窄，地面不平坦，器械安置不当或不坚固；锻炼者拥挤或多种项目在一起运动，也会容易相互冲撞致伤。

(6) 空气污浊、噪声、光线暗淡、气温过高或过低以及运动服装不符合要求等原因都可直接或间接造成伤害事故。

3.4.2 运动损伤的预防

预防运动损伤要注意以下几点：

(1) 加强运动安全教育，克服麻痹思想，提高预防损伤意识。

(2) 认真做好准备活动，对可能发生运动损伤的环节和易伤部位，要及时采取预防措施。

(3) 合理组织安排锻炼，合理安排运动量，防止局部运动器官负担过重。

(4) 加强保护与帮助，特别要提高自我保护能力。如摔倒时，应立即屈肘低头，团身滚动，切不可直臂或用肘部撑地。由高处跳下时，要用前脚掌着地，注意屈膝、弯腰，两臂自然张开，以利于缓冲和保持身体平衡。

3.4.3 运动损伤与处理

运动损伤分为开放性损伤和闭合性损伤。对于急性损伤前期(24小时内)的处理原则是制动、止血、防肿、镇痛，即减轻炎症。可根据具体情况选用一种处理方法或几种处理方法并用。

1. 一般性处理方法

(1) 一般先冷敷，加压包扎并抬高伤肢。这种方法应在伤后立即使用，有制动、止血、止痛及减轻肿胀的作用。冷敷一般用冰袋、自来水或氯乙烷。冷敷之后，用适当厚度的棉花或海绵置于伤部，同时立即用绷带稍加压力进行包扎。

(2) 伤后24小时可打开包扎，进行热疗、按摩、理疗、外敷药物(如贴活血膏等)等方法治疗，也可用几种方法进行综合治疗。

(3) 损伤组织已基本恢复正常，肿胀和压痛已消失，但锻炼时仍会感到酸胀、无力时，要进行功能性的恢复治疗，这时仍以按摩、理疗以及增加肌肉、关节功能的锻炼为主。

2. 软组织损伤

软组织损伤分为开放性软组织损伤和闭合性软组织损伤。前者有擦伤、撕裂伤、刺伤等；后者有挫伤、肌肉拉伤、韧带拉伤等。

闭合性软组织损伤是运动损伤中较常见的一类，它的特点是皮肤黏膜完整。该类损伤是由于爆发力引起的，损伤部位因组织的撕裂、血管损伤等会导致出血、组织液渗出、肿胀。

1) 擦伤

原因与症状：擦伤一般是因运动时皮肤受挫而致伤，如跑步时摔倒；体操运动时身体摩擦器械受伤，擦伤后会出现皮肤出血或组织液渗出。

处理方法：小面积擦伤，可用红药水涂抹伤口或用创可贴贴上即可；大面积擦伤，应先用生理盐水洗净，然后涂抹红药水，再用消毒布覆盖，最后用纱布包扎。

2) 撕裂伤

原因与症状：在剧烈、紧张运动时，突然遭受强烈牵拉、撞击，都会造成肌肉撕裂，其中包括开放伤和闭合伤2种，常见有局部撕裂、跟腱撕裂等。出现开放伤会顿时出血，周围肿胀；出现闭合伤时，触摸伤处时会有凹陷感和激烈疼痛。

处理方法：轻度开放伤，可用红药水涂抹伤口；裂口大时，则须止血，并缝合伤口，必要时还要注射破伤风抗毒血清，以防破伤风症。

3) 挫伤

原因与症状：因撞击器械或练习者之间相互碰撞会造成挫伤，单纯挫伤在损伤处会出现红肿、皮下出血并有疼痛；内脏器官损伤时，则会出现头晕、脸色苍白、心慌气短、出虚汗、四肢发凉、烦躁不安等症状甚至休克。

处理方法：发生挫伤后24小时内要冷敷或加压包扎，抬高患肢或外敷中药。24小时后可以按摩和治疗，进入恢复期后可进行一些功能性锻炼。如果怀疑内脏遭受损伤，则在做临时性处理后，应及时送往医院检查和治疗。

4）肌肉拉伤

原因与症状：通常在外力直接或间接作用下，使肌肉过度主动收缩或被动拉长时均可引起肌肉拉伤。特别是运动之前准备活动做得不充分，运动中动作不协调，以及肌肉弹性、伸展性、肌力差者更易拉伤。肌肉拉伤后，伤处会出现肿胀、肌肉压缩、痉挛，触诊时可摸到硬块。肌肉拉伤严重时则为肌肉撕裂。

处理方法：轻者可即刻冷敷，局部加压包扎，抬高患肢。24 小时后可施行按摩或理疗。如果肌肉重度拉伤或完全断裂者，在加压包扎急救后，应立即送往医院手术治疗。

5）刺伤和切伤

此类伤病常见于在田径运动中被钉鞋或标枪刺伤，滑冰时被冰刀切伤或练武时被器械划伤，其处理方法与撕裂伤基本相同。

3.4.4　几种常见运动损伤的原因与处理方法

1. 关节、韧带扭伤

1）肩关节扭伤

原因与症状：一般因肩关节用力过猛以及反复劳损所致，也有因技术错误、违反解剖学原理而造成损伤，例如投掷、排球扣球、大力发球时常出现这类损伤。其症状有压痛、疼痛，急性期有肿胀，慢性期三角肌可能出现萎缩、肩关节活动受限。

处理方法：单纯韧带扭伤，可采用冷敷、加压包扎。24 小时后可采用理疗、按摩和针灸等方法治疗。出现韧带断裂时，应立即送往医院缝合和固定处理。当肩关节肿胀和疼痛减轻后，可适当进行功能性锻炼，但不宜过早活动，以防转入慢性病症。

2）髌骨劳损

原因与症状：髌骨具有保护股骨关节面、维护关节外形、传递股四头肌力量的作用，是维护膝关节正常功能的主要结构。髌骨劳损是膝关节长期负担过重或反复损伤累积而成的。也会因一次直接外力撞击而致伤，例如：篮球滑步急停、跳高和跳远时踏跳不合理或摔倒受击，都可导致这种损伤。伤后膝关节立即会出现剧烈疼痛，关节肿胀，甚至活动障碍。

处理方法：可采用中药外敷、针灸、按摩等方法治疗。平时应加强膝关节肌群力量练习，如采用高位静力半蹲，每次保持 3～5 分钟即可。病情好转时，可逐渐增加时间，每日进行 1～2 次。

3）踝关节损伤

原因与症状：运动中跳起落地时失去平衡，会使踝关节过度内翻或外翻而致伤。在准备活动不充分、场地不平坦的情况下，更易造成这类损伤。损伤后伤处出现疼痛、肿胀，韧带损伤处有明显压痛，皮下有淤血。

处理方法：受伤后，应立即冷敷，用绷带固定包扎，并抬高伤肢。24 小时后，再根据伤情采取综合治疗，例如：外敷伤药、理疗、按摩等，必要时要采取封闭疗法。待病情好转后可进行功能性练习。对严重患者，可用石膏固定。

4）急性腰伤

原因与症状：运动时，身体重心不稳定或肌肉收缩不协调，都会引起腰部扭伤。多数伤者是因腰部受力过重,或脊柱运动时超过了正常生理范围,例如挺身式跳远中,展体过大;举重上挺时,过分挺胸塌腰;跳水时,下肢后摆过大。损伤后,当场会出现疼痛,有时会听到瞬间"格格"响声,有时还会出现腰部肌肉痉挛和运动受限。

处理方法:腰部急性扭伤后,应让患者平卧,一般不应立即搬动。如果出现剧烈疼痛,则应用担架抬送往医院诊治。处理后,应卧硬板床或腰后垫一枕头,使肌肉韧带处于放松状态,也可采取针灸、外敷伤药或按摩方法治疗。

5)关节脱位

原因与症状:因受外力作用而使关节面失去正常的连接关系叫作关节脱位,又称脱臼。关节脱位后可分为完全脱位和半脱位(或称错位)2种。严重的关节脱位,伴有关节囊撕裂,甚至损伤神经。运动中发生的关节脱位,大都是间接外力撞击所致,例如摔倒时,用手撑地,即会引起肘关节或肩关节脱位。关节脱位后,常出现畸形,与健肢对比不对称,因软组织损伤还会出现炎症反应、局部疼痛、压痛和关节肿胀,并失去正常活动功能,甚至发生肌肉痉挛等现象。

处理方法:用长度和宽度相称的夹板固定伤肢。如果没有夹板,可将伤肢固定在自己的躯干或健肢上,防止震动,随后及时送往医院治疗。必须指出,如果没有把握做整复处理时,切不可随意做整复手术,以免再度增加伤害。

6)脑震荡

原因与症状:脑震荡是指头部受到外力打击后,而使大脑管理平衡的膜半规管、椭圆囊、球囊等感受器官功能失调,以致引起意识和功能的一时性障碍。在体育锻炼时,两人头部相撞,或撞击硬物,或从高处跌下时头部撞地,都可造成脑震荡。

致伤时,伤者会出现神志昏迷、脉搏徐缓、肌肉松弛、瞳孔稍大但能对称、神经反射减弱或消失等症状;清醒后,患者常有头痛、头晕、恶心呕吐感;平时情绪而烦躁,注意力不易集中,还会出现耳鸣、心悸、多汗、失眠、记忆力减退等症状。

处理方法:立即让患者平卧,头部冷敷;若有昏迷,即指压人中、内关、合谷穴;若呼吸发生障碍,应立即进行人工呼吸。采取上述处理后,若出现反复昏迷或耳鼻口出血,两瞳孔放大,有不对称时,则表明病情严重,应立即护送往医院治疗。在运送途中,要让患者平卧,头部固定,避免颠簸。

脑震荡一般都可自愈,无须住院治疗,但要注意休息和必要的药物治疗,以保持情绪稳定,减少脑力劳动。

在恢复过程中,可定期做脑震荡痊愈平衡试验,以检查病况进展。其方法是:闭目、单腿站立、两臂平举,如果能保持平衡,则表明脑震荡已基本治愈。这时,可适当参加体育锻炼,但要避免滚翻和旋转性动作。

7)骨折

原因与症状:运动中,身体某部位受到直接或间接的暴力撞击时,会造成骨折,例如在踢足球时,小腿被踢,可造成胫骨骨折;摔倒时用手臂直接撑地会引起尺骨或桡骨骨折;跪倒时也会造成髌骨骨折等。

骨折是比较严重的损伤,但发病率很低。骨折分不完全性骨折和完全性骨折两种。常见的骨折有腕骨骨折、前臂骨骨折、手骨骨折、大腿骨折、小腿骨折、肋骨骨折、脊柱骨折和头部骨折等。骨折发生后，患处会立即出现肿胀，皮下淤血，有剧烈疼痛，肢体会失去正常功能，肌肉产生痉挛，有时骨折部位还会发生变形，移动时可听到骨摩擦声。骨折严重时，伴有出血和神经损伤、发烧、口渴直至休克等全身性症状。

处理方法：若出现休克时，应先进行处理，即点按人中穴，并进行人工呼吸或心脏胸外压；若伴有伤口出血，应同时实施止血和包扎。骨折后应暂勿移动患肢，并用夹板或其他代用品固定伤肢，然后及时护送往医院检查和治疗。

模块 2

健康制造体育

项目 4

篮　　球

学习目标

(1) 了解篮球运动的发展史，领会篮球运动的锻炼价值。
(2) 掌握篮球的基本技术和战术，并能在实践中加以运用和提高。
(3) 积极参与此项运动，学会欣赏国内外重大篮球比赛。

技能目标

(1) 能基本掌握篮球的各种基本技术，并能将各种技术运用于比赛中。
(2) 教学比赛过程中，能够运用简单的进攻战术和防守战术与队员进行配合。
(3) 学会欣赏篮球比赛，能够将比赛规则运用于实际操作之中。
(4) 提高力量、速度、灵敏、耐力等身体素质的能力。

思政目标

(1) 培养团结友爱的集体荣誉感和严格的组织纪律性。
(2) 培养顽强的意志品质和拼搏精神。

4.1　篮球运动简介

4.1.1　篮球运动的起源与发展

篮球运动是在 1891 年，由美国马萨诸塞州斯普林菲尔德市基督教青年会训练学校体育教师詹姆士·奈史密斯博士发明的。当时，在寒冷的冬季缺乏室内进行体育活动的球类竞赛项目。奈史密斯从工人和儿童用球向“桃子筐”投准的游戏中得到启发，设计将两只桃篮分别钉在健身房内两端看台的栏杆上，桃篮口水平向上，距地面 10 英尺(1 英尺 = 0.304 8 米)，以球为比赛工具向篮内投掷，入篮得 1 分，按得分多少决定胜负。因为这项游戏最初使用是桃篮和球，遂取名为篮球。1883 年铁质球篮取代了桃篮并挂上了线网。1895 年篮筐开始固定在 4×6 英尺的篮板上并逐渐深入场内，1913 年人们将篮网剪开，形成了近似现代的篮板和球篮。

最初的篮球比赛规则很简单，对于场地大小、参加人数多少、比赛时间长短均无统一规定。1892 年奈史密斯制定了第一部 13 条的原始规则，目的是使篮球游戏在公平对等的条件下进行，同时不允许粗野动作的发生。1915 年美国制定了全国统一的篮球竞赛规则。1932 年，国际篮联制定了第一份世界统一的竞赛规则。随着篮球运动的发展，场地设备得到改进和完善，规则也不断地增删和变化，现行规则计有 61 条和 57 个手势图。

篮球运动诞生后，传播很快。1892 年传入加拿大和墨西哥，1893 年传入法国，1895 年传入中国，1901 年传入日本和波斯(今伊朗)，1905 年传入俄国。1904 年美国青年会男子篮球队在第三届奥运会上进行了表演，此后，篮球运动逐步在全世界开展起来。1932 年 6 月 18 日在瑞士日内瓦成立了国际业余篮球联合会(简称国际篮联)。1936 年第十一届奥运会上，男子篮球被列为正式比赛项目。1950 年和 1953 年分别举行了第一届世界男篮和女篮锦标赛。1976 年第二十一届奥运会又增加了女子篮球比赛。

20 世纪 30 年代以前的篮球运动处于传播和推广时期，技术和战术尚处于初级阶段。20 世纪 30 年代以后，篮球运动登上了国际体育竞技舞台，世界性的比赛推动着篮球技术、战术逐渐走上了合理化、系统化和理论化的道路。1936 年至 1948 年间，规则的不断修改促进了篮球攻防战术的变化运用，提高了攻防的速度。进入 20 世纪 50 年代，世界各强队普遍重视和发展高度，成为这一时期的显著特点。20 世纪 60 年代是高度、技术和速度同步发展时期，各国在重视发展高度的同时，加强了对高大队员技术和灵活性的训练。20 世纪 60 年代中期，美国迪安·史密斯提出攻守平衡的理论，使世界各国开始重视进攻和防守的均衡发展，特别是防守有了新的发展和突破。20 世纪 70 年代是高度、技术、速度相结合、相统一并持续发展的阶段，世界强队的身高增长到惊人的程度。高大队员既有高度，又有速度，能里能外，技术全面，充分体现了“大个队员小个化”的特点。20 世纪 70 年代的篮球运动把高度、技术、速度、身体、意志、战术诸多因素融为一体，在比赛中展开高速度、高强度的全面对抗。快攻成为各队进攻中首先采用的锐利武器。高空优势体现在篮下的争夺，篮板球的争抢在篮圈水平面之上，投篮技术中出现了空中换手投篮，各种单、双手扣篮。20 世纪 80 年代以后，篮球运动是在高水平上的全面对抗，女子向男子化方向发展。其表现为高度与速度齐备，进攻、防守、篮板球三者并重，身体、智力、斗志和技术结合统一，技术全面而有特长突出的明星队员在队内发挥举足轻重的作用。

进入 21 世纪后，现代职业竞技篮球运动继续向“高”“快”“全”“准”“变”和女子篮球“男子化”的方向发展。首先，明星更加突出，技战术运用更加精练化、技艺化和智谋化。其次，篮球运动作为一种全球性大众社会文化，进一步被世界范围认可，迅速不断地普及、提高、创新与发展。最后，篮球运动的健身娱乐价值、社会价值被逐渐关注和开发。

4.1.2 篮球运动的特点

1. 集体性特点

篮球运动的活动形式是以两队成员相互协同攻守对抗的形式进行的，竞赛过程中，球队协同配合整体智慧和技能，发扬和谐互助的团队精神和协作风格，才能获得最佳成效。

2. 对抗性特点

由于篮球运动攻守对抗是在狭小的场地范围内快速、凶悍地近身进行的，获球与反获球的追击、抢夺与限制、反限制拼智、拼技、拼体、拼力，要求球员必须有聪颖的智慧、特殊的体能、剽悍的作风和顽强的意志与必胜的精神。

3. 转换性特点

快速转换攻守对抗是现代篮球比赛的重要特点，因为篮球比赛的规则规定，以进攻得分多少分定胜负，而进攻又有时间规定，攻后必守，守后必转攻，攻守不断转换，转换又在瞬间，瞬时变化无常，使比赛始终在快速而和谐的高节奏情况下进行。

4. 时空性特点

篮球比赛是在一定的时间内围绕空间的球和篮展开攻守对抗，因此在比赛过程中时间观念、空间意识必须强烈，并以智慧运用各种形式、方法和手段去争取时间，搏夺空间优势，这也是篮球运动独异的特点。

5. 增智性特点

现代篮球运动与科学技术进一步有机融合，加上自身的特殊活动形式产生的功效，已成为社会文明进步和人们喜闻乐见的人文景观，它引发种种有趣的竞技史事和人物故事，给人以增智教育。

6. 综合性特点

篮球运动分类属综合性体育运动，它包含着跑、跳、投等体能活动，其本体运动的科学内容体系呈现多元化发展趋势，涉及社会学、人文学、军事学、生物学、科技学、管理学、体育学、竞技学、教育学等，有利于广大篮球活动者培养特殊的运动意识、气质、修养、品德、体能和技能，达到健身强体的作用。

7. 智艺性特点

现代篮球运动竞技的基础是智慧、技艺、体能和默契配合的组合，所以具有特殊的观赏性。如何扬长避短、克敌制胜，除需身体条件、体能素质水平、技能、意志作风等，更需人文修养、智慧、计谋和精湛的技艺作保障。

8. 职业性特点

自20世纪中期在美欧国家率先成立职业篮球俱乐部以后，现代篮球运动竞技水平的提高以及赛制和规则的完善、创新，对职业化进程起了新的催化作用，特别是国际奥委会同意美国NBA职业队员参加国际大赛后，全球职业化篮球已成为一种时尚的产业化趋势，优秀球队和球星效应的商业化价值发生了新的变化，反映着新世纪篮球运动发展的又一新特点。

9. 商业性特点

篮球运动商业化的重要体现是篮球运动组织体制、竞赛赛制和训练管理机制的商业化气息的增浓，以及运动员自由人地位的确立和运动技能价值观的变更，俱乐部产权的明晰，对独立社会法人代表的重新认识。商业化成为21世纪世界篮球竞技运动发展的总趋势。

4.1.3 篮球运动的作用

1. 培养团队精神

篮球运动的集体性能培养团结、协作的团队精神和集体荣誉感，增强球员的组织纪律性,这种团队精神无论对个人的发展或社会都具有十分积极的意义。

2. 增进身心健康

篮球运动有利于推动力量、速度、耐力、灵敏等素质的全面发展;分配和集中注意的能力的提高;神经中枢的灵活性、协调支配各器官能力的提高;内脏器官的生理机能的改善;良好的心理素质、坚强的意志品质的形成。

3. 促进人际交往

通过篮球运动广大青少年不仅可以切磋球艺,还可以相互了解、增进友谊、友好交往,对于正确认识与处理人与人之间的关系,更好地融入社会,促进健康人格的发展具有积极的促进作用。

4.2 篮球基本技术

篮球技术是篮球战术的基础,是在篮球比赛中所运用的各种专门动作方法的总称,分为进攻技术和防守技术两大部分。

任何正确的战术意图和先进的战术配合的实现都要求运动员必须掌握一定数量和质量的技术动作做保证,没有技术也就谈不上战术。只有技术掌握得扎实、熟练、全面、先进,才能保证战术的多变性和高质量;同时,战术的发展与演变又对技术提出新的、更高的要求,从而又促进技术不断地发展和更新。

4.2.1 移动

移动是运动员在篮球比赛中,为了控制身体,改变位置、方向、速度,争取高度所采用的各种脚步动作方法的总称。

移动是比赛中运用最多的一项基本技术。进攻中,运用移动的目的是为了摆脱对手,去选择有利的空间位置和地面位置,完成切入、接球、拼抢进攻篮板球及吸引防守者,或者是快速、准确、合理地完成传球、运球、突破、投篮等持球进攻技术;防守中,运用移动的目的是为了抢占有利的位置,防止对手的摆脱,或者是及时、果断地进行抢球、打球、断球、抢篮板球等。移动动作方法较多,其动作分类如图 4-1 所示。

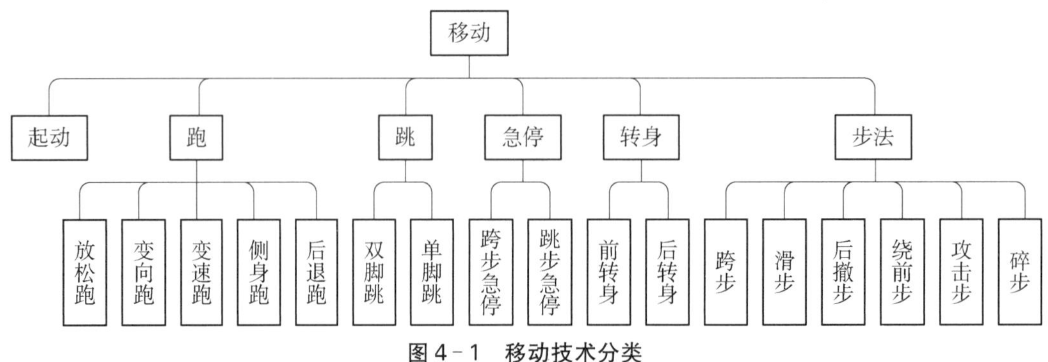

图 4-1 移动技术分类

4.2.2 传、接球

传、接球是篮球比赛中队员之间有目的地转移球，是组织进攻配合和实现篮球战术的关键，是一切篮球组织进攻的基础。

1. 传球技术分析

1）持球方法

双手持球方法：两手手指自然分开，拇指相对成八字，有指根以上部位握球的两侧后方，掌心空出，两臂自然屈肘，置球于胸腹之间，抬头注视场上情况。

单手持球方法：手指自然分开，用手掌外沿和指根以上部位托球的侧后下方，掌心空出。

2）传球用力

传球的出手动作是指球出手的一刹那手腕翻转、屈扣和手指弹拨用力的方法。它是控制球飞行方向、路线和落点的关键。在球即将出手时，指、腕翻转屈扣、弹拨越急促，作用于球的力量越大，球飞行的速度越快。

传球用力：通过下肢蹬地、跨步、腰腹的伸展及手臂用力协调配合，最后通过手腕、手指力量将球传出。持球手法是传球的基础，合理用力是关键。

3）球的飞行路线

手指、手腕作用于球的部位不同，所产生的飞行路线有 3 种：直线、弧线、折线。应根据具体情况合理地选择球的飞行路线，如需要从体侧或空中越过对手应采用弧线球；行进间跑动并出现空档应采用直线球；防止抢断多采用折线球。

4）球的落点

球的落点是指传出的球与接球同伴的相遇点。控制传球的落点应注意以下几点：①传给原地或已摆脱对手的同伴时，要传向接球人远离防守者的一侧；②传给向前移动接球者时，要根据他移动的速度，传到他前面一步左右的地方，球的高度一般在他的胸部；③传给从内线插上接球的同伴时，要隐蔽、突然、快速；④传给近距离迎面跑上来接球者，传球力量应柔和；⑤由后场传球给领先跑向前场球篮附近的接球者，传出的球既要快速有力，又要有适当的弧线，球的落点在接球者前面两步左右的地方，要以球领人，以便于他发挥速度；⑥传反弹球时，球的击地点一般应在传球人距接球人 2/3 的地方，球弹起的高度在接球人的腹部为宜。

2. 实例介绍

1）双手胸前传球

双手胸前传球是一个最基本的传球方法，只有在你和接球队员之间没有任何对方球员的情况下才可以。

动作要领：双手持球，拇指置于球的后侧部位，四指分开置于球侧，掌心不要触球。向接球队员方向迅速伸臂，同时向传球方向移动身体。以基本篮球姿势站立，传球时伸臂抖腕，如图 4－2 所示。

2）双手头上传球

双手头上传球是一个基本的传球方法，多用与高个队员转移给内线或切入内线的队

图 4-2　双手胸前传球

员。防守后场篮板发动快攻为避免对方封堵，也可跳起用双手头上传球。

动作要领：两手握球与头上，前臂稍前摆，用手腕和手指短促、快速地抖动将球传出（见图 4-3）。

3）单手肩上传球

单手肩上传球是一个基本的传球方法，多用于中、远距离传球。在抢到后场篮板球后发动快攻第一传中经常运用单手肩上传球。

动作要领：以右手为例。传球前，左脚向前跨半步，向右转体将球引至右肩侧上方。传球时，上体向左转动并带动肩肘，前臂快速前摆，扣腕，手指用力将球传出（见图 4-4）。

图 4-3　双手头上传球

图 4-4　单手肩上传球

3. 接球技术分析

1）双手接球

（1）双手接腰部以上的球时，手臂伸出迎球，两拇指相对成八字形，虎口相对，手指朝上。手指触球后，迅速收臂将球置于身前或体侧。

（2）双手接腰部以下的球时，手臂伸出迎球，两拇指相对成八字形，虎口相对，手指朝下。手指触球后，迅速收臂将球置于身前或体侧。

2）单手接球

单手接球时，接球手自然伸出迎球，五指自然分开，手心对球。手指触球后，迅速收臂，将球引至身前，另一只手迅速扶球。

4.2.3　投篮

持球队员运用各种正确的手法，将球从篮圈上方投入球篮所采用的各种动作方法称为投篮。投篮是篮球比赛中唯一的得分手段,竞赛中进攻队运用各种技术、战术的目的都是为了创造更多、更好的投篮机会;而防守队的积极防御也是为了阻挠和破坏进攻队的投篮,投篮是篮球比赛中攻守对抗的焦点。根据投篮动作与特点,投篮技术动作分类如图4-5所示。

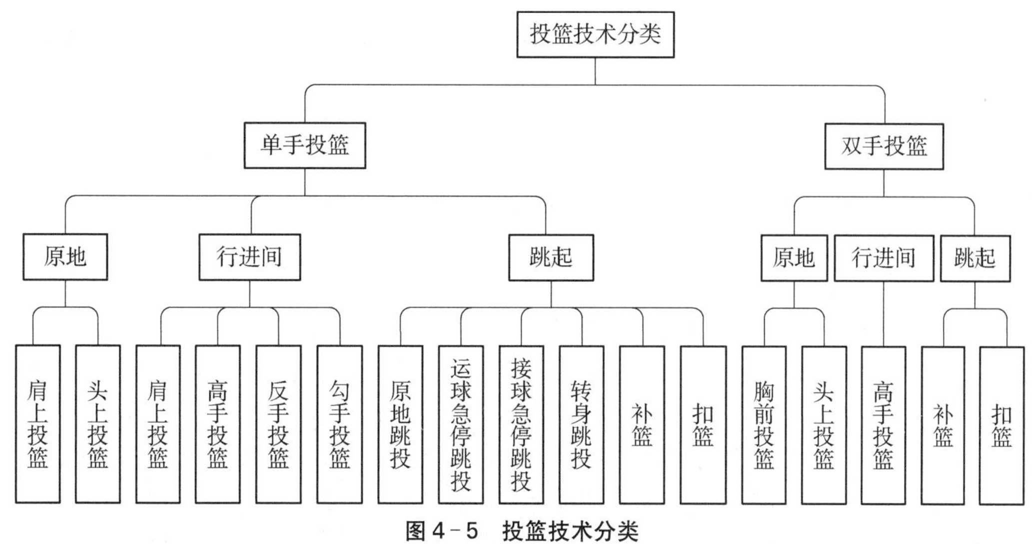

图4-5　投篮技术分类

1. 投篮技术分析

1) 握球方法

(1) 单手握球方法：投篮手五指自然分开,用指根以上部位托球的后下方,手心空出,手腕略向后仰,球的重心落在食指和中指指关节处,肘关节自然下垂,置球于同侧肩的前上方。

(2) 双手握球方法：两手手指自然分开,拇指相对成八字形,用指根以上部位握球的两侧后下方,手心空出,两臂自然屈肘,肘关节下垂,置球于胸与颌之间。

2) 瞄准点

(1) 直接命中的瞄准点：篮圈距投篮队员最近的一点。适用于投空心球。

(2) 碰板投篮的瞄准点：将球投向篮板上能够碰板入篮的点。投篮队员与篮板成15°～45°的位置时采用效果较好。规律是碰板角度小、距离远,则瞄准点离篮圈的距离高而远,投篮所需要用力的力量相对较大;碰板角度大、距离近,则碰板点离篮圈就较低而近,投篮所需要用的力量相对较小。

3) 力量的运用

投篮用力是一种全身综合协调的聚合力。由下肢蹬地,伸展身体,抬肘伸臂,最后以手腕的抖屈及手指的弹拨将球投出。

4) 出手角度

出手角度指投篮时球离手的一瞬间的运动方向与出手点水平面所构成的夹角。它决定球在空中飞行弧度的高低和入篮角的大小。出手角度小,球的弧度低,反之则高。

5）出手速度

投篮时球出手的一瞬间球离手进入空间获得运动的初速度。合理的投篮速度取决于出手力量和手腕、手指动作的速率。手腕的前屈和手指拨球动作的突然性、连贯性和柔和性，对取得合理的出手速度起着关键作用。

6）球的旋转

球的旋转是决定投篮准确性的一个因素。一般中、远距离投篮时，球围绕横轴向后旋转。

7）抛物线及入篮角

球在空间飞行受重力的影响面形成的弧形运行轨迹。一般有三种抛物线：低弧线、中弧线和高弧线。中等抛物线是比较理想的拗物线，容易投篮命中。

2. 实例分析

1）原地单手肩上投篮

这是比赛中比较广泛运用的投篮方法，是行进间和跳起单手肩上投篮的基础。它具有出手高、便于结合和转换其他攻击动作，以及在不同距离和位置均可应用的优点（见图 4－6）。

动作要领：以右手投篮为例，两脚前后开立，右脚在前，两膝微屈，重心落在两脚之间，上体稍稍向前倾，右手翻腕将球托于右肩前上方，左手扶在球的侧下部。投篮时，两脚蹬地，持球的手臂随着身体的伸展，向前上方伸出，手腕前屈，食、中指拨球，使球通过指端飞出（见图 4－6）。

图 4－6　原地单手肩上投篮

2）原地双手胸前投篮

它是较早采用的投篮方法。优点是持球稳定性强，投篮力量大，距离远，突然性强，便于和突破、传球技术结合。缺点是投篮出手点较低，防守容易干扰。比赛中女运动员运用较多（见图 4－7）。

动作要领：双手持球于胸前，两脚前后或左右开立，两腿微屈，两眼注视球篮，肘关节自然下垂。投篮时，两脚用力蹬地，腰腹伸展，两臂向前上方伸出，手腕同时外翻，拇指下压，使球通过拇指、中指、食指的指端投出。球出手后，身体随投篮方向自然伸展（见图 4－7）。

图 4-7　原地双手胸前投篮

4.2.4　运球

1. 运球的概念和作用

运球是指持球队员在原地或移动中,用单手连续按拍借助地面反弹起来的球的技术。运球技术动作具体分类如图 4-8 所示。

运球的作用是指运球不仅是进攻队员摆脱防守创造传球、突破、投篮得分的桥梁,而且是进攻队员发动快攻,组织与调整战术配合,瓦解防守阵形的重要手段。

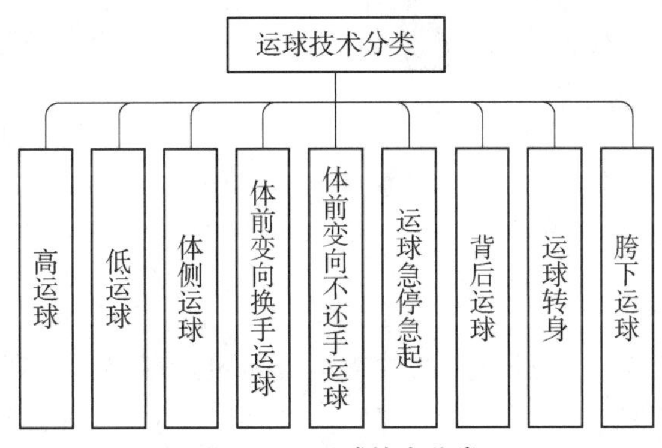

图 4-8　运球技术分类

2. 运球技术分析

(1) 身体姿势:两脚前后开立,侧身上体稍前倾,两膝微屈,抬头目平视,非运球手臂屈肘平抬,侧肩转体保护球。

(2) 手臂动作:①球接触手的部位:五指分开,用手指和指根部位控制球,手心空出;②运球动作:低运球时,以腕关节为轴,用手腕手指的力量运球;高运球时,主要以肘关节为轴,腕关节和肩关节联合运动,用前臂和手指手腕力量运球。③运球手法:按拍与迎引;④按拍球的部位:由运球的方向和速度决定。原地运球按拍球的上方;向前运球接拍球的后上方。

(3) 球的落点:运球的速度、方向和防守情况不同,球的落点也不同。直线高运球的落点在运球手同侧侧前方,速度越快,落点越靠前,离自己越远。积极防守下运球的落点在体侧或侧后方。

(4) 手脚协调配合：运球时既要保证移动速度和球的运行速度协调一致，又要保持合理的动作节奏。能否保持脚步动作和手部动作协调一致，在速度上同步进行，关键在于按拍球的部位、落点的选择和力量大小的运用。

3. 实例介绍

1) 高运球

高运球多用于快速直线推进，如以后场向前场推进，快攻接应后的快速推进，摆脱防守接球后加速运球上篮等。

动作要领：抬头，目视前方，上体稍前倾，以肘关节为轴，手按拍球的后上方，球的落点在身体的侧前方，球反弹高度约在腰胸之间(见图 4-9)。

2) 低运球

在防守密集、接近防守队员或防守队员抢球时，可运用低运球。

动作要领：抬头，目视前方，两膝深屈，身体半蹲，重心下降，上体前倾手按拍球的后上部，球的落点在身体侧面，球反弹高度在膝部以下(见图 4-10)。

图 4-9　高运球

图 4-10　低运球

3) 运球体前变方向

当防守队员堵截运球队员进攻路线时或运球队员运球接近防守队员时，为了摆脱和突破对手，可运球体前变方向。

动作要领：运球队员从防守队员右侧变方向时，用右手按拍球的右侧后上方，使球反弹至左手外侧，右脚迅速向左前跨步，向左侧转体探肩，及时换手继续向前运球(见图 4-11)。

图 4-11　运球体前变向

4.2.5 持球突破

1. 持球突破的概念、作用及分类

持球突破是控制球队员将脚步动作和运球技术相结合达到超越对手的一种进攻技术。

持球突破是突破攻击力很强的一项进攻技术，合理运用突破技术，不仅能直接插入篮下得分或造成对手犯规，有效地增加个人进攻威力；而且能为同伴创造良好的投篮机会，打乱对方防守布置，实现内外结合进攻的一种有效手段。

持球突破分为交叉步持球突破和同侧步(顺步)持球突破。

2. 持球突破的技术分析

(1) 假动作吸引：①做向一侧突破的假动作，诱使对手身体重心侧移，择机突破；②做投篮假动作，诱使对手跳起或前扑，择机突破。

(2) 脚步动作：持球突破的主要环节。主要依靠两脚快速有力的蹬地和及时跨步，屈膝，上体前倾，通过重心的快速前倾和积极有力的蹬地获得超越对手的加速度。

(3) 转体探肩：突破队员转体探肩紧贴对手的侧面，占据有利的空间位置，以保护好球突破对手。

(4) 推放球加速：蹬跨、转体探肩的同时，应将球在跨步脚外侧前下推放球，球离手后，迅速蹬地发力加速超越对手。

3. 实例介绍

1) 原地持球交叉步突破技术(以右脚为中枢脚，从防守队员右侧突破)

动作要领：两脚左右开立，两膝微屈，持球与腹前，突破前先做其他假动作。突破时，左脚内侧蹬地，并向右前方迈出一大步，上体右转，左肩向前下压，将球引至右侧，在右脚离地前用右手推拍球与迈出脚的侧前方。同时，右脚用力蹬地，迅速超越对手(见图4－12)。

图4－12　原地持球交叉突破技术

2) 原地持球同侧步突破技术(以左脚为中枢脚，从防守队员左侧突破)

动作要领：两脚左右开立，两膝微屈，持球与腹前，突破前先做其他假动作。突破时，左脚向内侧蹬地，右脚迅速向防守队员左侧跨出，上体稍右转，同时探肩，重心前移。在左脚离地前，用右手推拍球与右脚的侧前方。同时，左脚用力蹬地，加速超越对手(见图4－13)。

图 4－13　原地持球同侧步突破技术

4.3　篮球基本战术

篮球战术是篮球集体配合行动的统称，是队员之间合理地运用个人技术相互配合的组织形式和方法。运用战术的目的是为了更好地发挥己方队员的技术与特长，制约对方，掌握主动权，争取比赛的胜利。

全队战术是指根据有利于破坏对方战术而采取有针对性的攻防方法，构成篮球比赛的攻防战术体系，包括快攻与防快攻、人盯人防守与进攻人盯人防守（半场或全场）、区域联防与进攻区域联防、区域紧逼与进攻区域紧逼、机动进攻与综合多变防守体系。

4.3.1　进攻战术

篮球进攻战术是指在篮球竞赛中，进攻队员通过个人技术的合理运用和全体队员的协调配合，破坏对方的防守达到进攻得分的目的所组织的形式和方法。

1. 进攻战术基础配合

进攻战术基础配合是指在篮球竞赛中，队员两三人之间所组成的简单配合方法。它是组成全队进攻战术的基础，任何一种整体进攻战术都离不开基础配合。因此，熟练地掌握与运用基础配合对提高学生的整体进攻战术配合能力和战术意识有着非常重要的作用。进攻战术基础配合有传切、突分、掩护、策应等配合。

1）传切配合

传切配合是指进攻队员之间利用传球和切入所组成的配合。它包括一传一切和空切两种基本形式，是一种最基本的简单易行的战术配合，在比赛中被经常采用。

2）突分配合

突分配合是指持球队员在突破对手之后，遇到防守队员补防或协防时，及时将球传给进攻时机最佳的同伴的一种配合方法。

3）掩护配合

掩护配合是指进攻队员采取合理的身体动作，用来挡住同伴防守者的移动路线，使同伴摆脱防守、获得进攻机会的一种配合方法。

根据掩护位置和方向的不同，掩护可分为前、侧、后三种掩护形式。根据掩护者的移动路线、方法，掩护分为反掩护、假掩护、运球掩护、定位掩护、连续掩护等。掩护配合可以在无球队员之间，也可以在无球和有球的同伴之间进行。

(1) 前掩护：掩护队员站在同伴的防守者前面，用身体挡住防守者的移动路线，使同伴摆脱防守，获得进攻机会的一种配合方法。

(2) 侧掩护：掩护者站在同伴的防守者的侧面，稍靠后用身体挡住他的移动路线，使同伴得以摆脱防守的一种方法。

(3) 后掩护：掩护者站在同伴的防者的身后，挡住防守者的移动路线，使同伴借以摆脱防守的一种方法。

4) 策应配合

策应配合是指处于内线的队员背对或侧对球篮接球，以他为枢纽与外线队员进行空切、绕切，借以摆脱防守，创造各种进攻机会的一种配合方法。

2. 快攻技术配合

在比赛中，趁对方未做好防守部署，以最快的速度形成人数、位置上的优势，果断地进行快速攻击。

1) 快攻的特点

(1) 快攻的发动：组织快攻，首先要有强烈的快攻意识。快攻意识体现在获球后，一传快、起动快、分散快、传球快、突破快、投篮快。

(2) 快攻的接应：在抢获防守篮板球时要及时发动快攻，抢得篮板球后的一传要快，接应要快，并学会选位，根据抢篮板球队员的位置选择接应的空间。最好的接应是机动接应，即谁处在有利的位置谁就充当接应者。

(3) 快攻的推进：2～3 人的传运突进可到达进攻区域，一般是 3 人形成一个三角形向前推进。在推进中要强调 5 人的参与，分散要快，保持纵深队形，5 人之间既要保持一定的距离，又要保持紧密衔接。

2) 快攻的类型

就快攻的形式而言，可分为长传快攻、短传结合运球推进快攻两种类型。

(1) 长传快攻：队员在后场获球后，用一次或两次传球把球传给迅速摆脱对手偷袭同伴的一种方法。这是一种速度快、时间短、配合简单、成功率较高的快攻战术配合，可达到出其不意、攻其不备的效果。

(2) 短传结合运球推进快攻：短传推进和运球推进往往是结合运用的。队员在后场获球后，利用快速的短距离传球和运球，短距离传球与运球相结合，迅速向对方球篮推进，创造有利的投篮时机。

3. 进攻人盯人防守战术

1) 进攻半场盯人防守

进攻半场盯人防守是针对半场盯人防守的特点和规律所采用的进攻战术配合方法，是由传切、突分、掩护、策应等基础配合组成的全队进攻战术。常用的基本进攻队形有："2－3"队形，单中锋外策应落位；"2－1－2"队形，三前锋机动打法；"1－3－1"队形，双中锋上、下站位打法："1－2－2"队形，双中锋篮下左右站位打法；"1－4"队形，双中锋上提进攻打法等。

2）进攻全场紧逼人盯人防守

这是一种针对全场紧逼人防守的特点和变化规律所采用的进攻战术。配合方法是以进攻半场盯人防守配合为基础，扩大到全场范围，运用传球、突破等个人技术和多人间的战术配合组织全队进攻。进攻全场紧逼盯人防守的方法有固定配合进攻，两侧同时掩护配合进攻、运球突破进攻、掩护配合进攻、策应配合进攻等。攻方队员在球场上要拉开距离，扩大对方的防区，避免对方协防和夹击，要多采用短而快的传球，尽量少做横向传球以及高长传球。进攻全场紧逼人盯人防守，要根据队员的特点安排每个人的位置并设计推进路线，掌握好进攻节奏。对方紧逼防守是指逼迫进攻队加快进攻速度和在中场组织抢断夹击，要多用快速短传、突分、传切等配合来攻击对方的薄弱环节，打乱对方的防守，争取比赛的主动权。

4.3.2　防守战术

防守战术是防守队为了阻挠和破坏对方的进攻，以及力争获得控制球权所组织的集体配合形式和方法。

1. 防守战术基础配合

防守战术基础配合是指防守时两三人所组成的配合方法，它是组成全队防守战术的基础。防守战术基础配合包括挤过、穿过、绕过、交换、关门、夹击、补防、围守中锋等方法。

1）挤过

当对方采用掩护配合时，防守队员为破坏对方的掩护配合，趁掩护者给同伴掩护的一刹那，抢前一步贴近自己的对手，并从两个进攻队员之间侧身挤过去继续防住自己的对手。防守掩护的队员要及时提醒挤过和做好换防的准备。

2）穿过

当对方进行掩护时，防掩护者要及时提醒被掩护者，并主动后撤一步，让同伴及时从自己和掩护者之间穿过，继续防守对手。

3）交换

它是指当对方掩护成功时，防掩护者与被掩护者及时交换自己所防对手的配合方法。

4）夹击

夹击防守是指两个防守队员同时用身体限制持球进攻队员活动范围的方法。两个防守队员挥动手臂封堵持球队员的传球路线，迫使其传球失误或5 s违规，并同时实施抢球、打球、断球的配合。

2. 半场人盯人防守战术

半场人盯人防守战术是指由进攻转入防守时，全队迅速退回后场，以人盯人防守为基础，综合运用挤过、穿过、换防、关门、夹击等防守基础所组成的全队防守战术配合的方法。它分为半场松动（缩小）盯人防守和半场紧逼（扩大）盯人防守两种。

1）半场松动（缩小）盯人防守

半场松动盯人防守主要是加强内线的防守。对付内线攻击力较强、外线攻击力较弱的队采用这种防守方法效果较好。

2）半场紧逼（扩大）盯人防守

半场紧逼盯人防守主要对付外线攻击灵活、投篮准，内线攻击相对薄弱的队。这种战术要以球为主，及时阻止对手的穿插、空切和突破；对近球侧的队员采用紧逼、抢位防守的方法，不让其在习惯的区域获球。

3. 全场人盯人防守战术

全场人盯人防守与半场人盯人防守的区别在于全场人盯人防守把盯人防守扩大到全场，担任攻转防的每个队员要及时找人，紧盯自己的对手，并限制其活动，破坏对方的集体配合。全场人盯人防守战术划分为前场、中场和后场人盯人防守战术三个部分。

1）前场人盯人防守方法

前场的防守是全场紧逼人盯人防守的重要阶段。在前场本队由进攻转入防守时，队员要迅速找到自己应防守的对手，抢占有利位置，以积极的移动干扰对方的行动，给对手以心理压力迫使对手紧张慌乱、传球失误和违例，以激发本队的战斗士气。这是以争夺球权为目的的攻击性防守。

2）中场人盯人防守方法

当进攻队员进入中场时，防守队员应积极组织防守，破坏对方的进攻配合，控制对方的进攻速度，迫使持球队员按防守意图向边线运球、传球或中线边角处停球，有利于防守方夹击和抢断，并使其在慌乱中传球失误或违规。

3）后场人盯人防守方法

防守队在前场和中场防守未成功，进攻队已推进到防守队的后场时，防守队应根据具体情况采用相应的防守措施对持球队员积极封堵，不让其将球传到篮下，并且积极破坏对方的习惯打法和进攻节奏。要远离球区的对手，集中在近球区积极争夺，给对方造成心理压力，促使其出现错误，争取获得球权。

4. 区域城联防

区域联防是一种半场防守的全队战术。由进攻转入防守时，防守队员退回半场，每个人分工负责防守一定的区域，严密防守进入该区域的球和进攻队员，并与同伴协同守防，用一定的队形把每个防守区域有机地联系起来组成区域联防战术。

1）“2－1－2”区域联防

5个防守队员分布比较均衡，移动距离近便于相互协作、控制篮下，有利于抢篮板球和发动快攻，但不利于防守对方的中远距离投篮。

2）“2－3”区域联防

“2－3”区域联防有利于加强篮下、底线的防守和抢夺篮板球。

3）“3－2”区域联防

“3－2”区域联防加强了外围的防守，有利于防守外围的中距离投篮和抢断球并发动快攻，但不利于防守篮下和两边场角的投篮。

项目 5

排　　球

知识目标

（1）了解排球运动发展史，领会排球运动的锻炼价值。

（2）掌握排球的基本技术和战术，并能在实践中加以运用和提高。

（3）积极参与此项运动，学会欣赏国内外重大排球比赛。

技能目标

（1）能基本掌握排球的各种基本技术，并能将各种技术运用于比赛中。

（2）在教学比赛过程中，能够运用简单的进攻战术和防守战术与队员进行配合。

（3）学会欣赏排球比赛，能将比赛规则运用于实际操作之中。

（4）提高力量、速度、灵敏、耐力等身体素质。

思政目标

（1）培养团结友爱的集体荣誉感和严格的组织纪律性。

（2）培养顽强的意志品质和拼搏精神。

5.1　排球运动简介

5.1.1　排球运动的起源与发展

1. 排球运动的起源

排球运动创始于美国。1895 年，美国马萨诸塞州霍利沃克城基督教青年会干事威廉・G・摩根先生想要为他所教授的一个由商人所组成的班级创造一种结合了篮球、棒球、网球以及手球的游戏，而这种游戏必须避免像篮球那种肢体的接触，于是他发明了排球。游戏在篮球场上拦一副网球网（约高 1.98 m），用篮球胆当球，同网球一样打来打去，与网球不同之处是球不能落地，球在哪一方落地一次就算哪一方失败一次。这种游戏在当时是作为人们的休闲活动的。

由于篮球胆太轻，在空中飘忽不定，玩起来不方便，而用篮球来玩又太重太大，手玩不动，球飞行太慢，因此，必须设计出一种轻而小的球。于是该市的司堡尔丁体育用品公司试作了圆周为63.5～68.8 cm，重量为9～12盎司(255～346 g)规格的球，试验结果表明效果非常理想，于是就决定采用这种球。现在的国际比赛用球在制作工艺和原料方面虽有千百次的改进，但球的规格还和第一代球差不多。

"排球"这个国际通用的名字，是春田市一位叫霍尔斯特德的教授(H. T. Halstead)在1896年提出来的。最初的排球叫Mintonette(小网子)。由于排球要求在空中飞行，不能落地，所以他建议将Mintonette改为"Volleyball"("空中连续击球"的意思)，此名称更符合这种游戏的本意——球在空中飞来飞去。从此"Volleyball"(排球)就成了国际通用，延续至今的专用名字。

为了更好地推广排球活动和开展排球游戏比赛，一位名叫卡麦隆(J. Y. Cameron)的美国人编写出版了第一套排球比赛规则，使排球游戏的比赛有了统一评判的标准。

2. 世界排球运动的发展

世界排球运动的发展经历了三个阶段。

1) 娱乐排球

排球本就是为娱乐休闲而创造的，因此排球从诞生之初就被大众认可为一项娱乐性较强的游戏。人们进行排球运动是以休闲、健身为主要目的。

2) 竞技排球

1947年，国际排联在巴黎正式召开成立大会，标志了排球从娱乐性时代进入了竞技时代。竞技时代的全面到来，也掀起了世界排坛诸强争霸和各大技术流派竞相绽放的潮流。20世纪60年代中期到70年代末，世界排坛出现了"百花齐放，百家争鸣"的局面，日本女排学习了中国的"近体快""平拉开"等快攻技术，创造了"短平快""时间差""位置差"等打法，成为"速度派"；苏联队保持了"力量派"的特点并加以了改进；前捷克斯洛伐克队仍是"技巧派"的先锋；民主德国队则以高大队员的超手扣球称为"高度派"。

3) 现代排球

进入20世纪80年代，各种技战术流派间的交流融合频繁，打法创新的步伐也在加快，凭一技之长就能一统排坛的时光已全然不在。于是，一场新的排球革命——全攻全守排球悄然开始。全攻全守排球以中国女排和美国男排为标志，强调战术的高快结合、前后结合，形成全面型进攻的打法。

3. 我国排球运动的发展

排球运动于1905年传入我国后，首先在广州、香港的几所中学中开展. 1913年我国首次参加了菲律宾举行的第1届远东运动会的排球比赛，1914年第2届全国运动会，男子排球被列为正式比赛项目. 我国男排共参加了10届远东运动会，共获得5次冠军、5次亚军；我国女子排球开展较晚，组队参加第6～10届远东运动会，均获5次亚军。受远东运动会的影响，我国排球运动经历了十六人制——十二人制——九人制——六人制的演变过程。我国排球运动的开展情况主要有五个阶段：

(1) 第一阶段：1950—1952年继承学习与推广阶段。这一阶段的特点主要是学习六人排球打法和东欧诸国家的高举高打强攻的战术打法，在全国内推广六人制排球。

(2) 第二阶段：1953—1959 年发展与提高阶段。这一阶段的特点是学习国外的先进经验和发扬自己的快速多变的打法风格，排球技术战术水平提高很快，参加世界排球锦标赛男排获第九名，女排获第六名。

(3) 第三阶段：1960—1965 年各流派竞相争艳阶段。各省市排球队根据自己的特点开始形成不同的风格和技战术打法，如上海队的技术全面、灵活多变；广东队的快速配合；四川队的细腻稳健；解放军队的勇猛顽强；北方各队的力量型高举高打等。

(4) 第四阶段：1966—1976 年严重干扰倒退阶段。"文革"严重地干扰了排球运动的发展，技术水平下降，运动队伍青黄不接。我国与世界强队之间的距离被拉大。1972 年，国家体委和福建省体委共同在漳州市建立了体育训练基地，为女排获得世界冠军打下良好的基础。

(5) 第五阶段：1977—1987 年冲出亚洲、走向世界。1976 年重新组建了国家男女排球队。在 1977 年世界杯比赛中女子获第 4 名，男子获第 5 名。1981—1985 年我国女排创造了世界女子排球"五连冠"的新纪录。我国女排的"全攻全守"打法成为世界学习的典范。我国男排大胆创新了"前飞""背飞""拉三""拉四"等新战术，形成一套快速多变以巧制胜的技战术打法.

(6) 第六阶段：走出低谷、重振雄风。20 世纪 80 年代末，中国男排出现了滑坡。随后，女排也步入低谷，失去了亚洲霸主的地位。1995 年我国排球赛制和体制改革后，技战术水平明显提高。中国女排在陈忠和教练带领下，夺得 2004 年雅典奥运会冠军和 2008 年北京奥运会季军。

5.1.2 排球的场地

1. 排球场地

排球场地是长方形的形状，地面水平(见图 5－1)，长 18 m，宽 9 m。两边线外无障碍

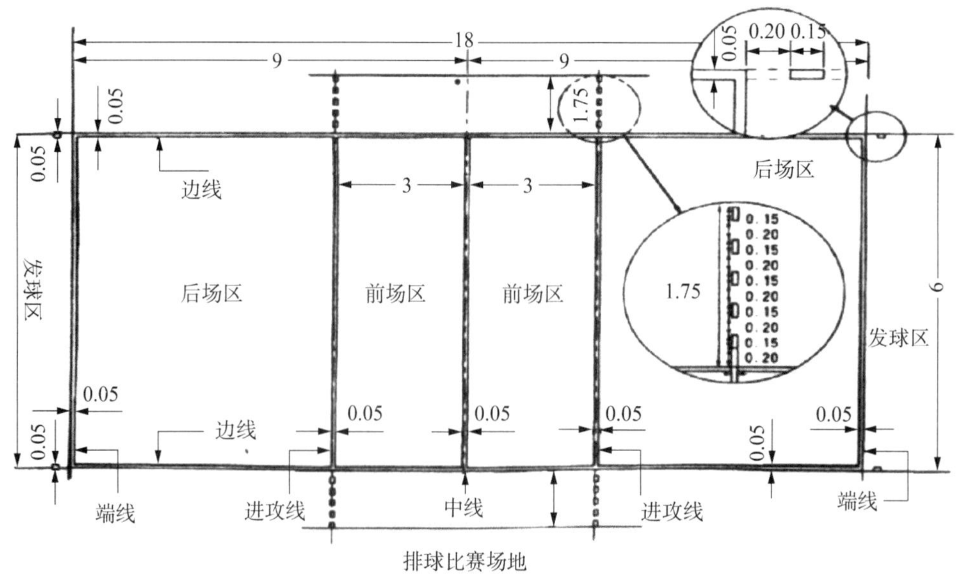

图 5－1 排球场地(单位：米)

区至少 5 m 宽，两端线外至少 8 m，上空无障碍区至少 12.5 m。地面为木制或合成物、浅色，场地内外颜色有区别。球场中间挂网，网下面划有中线，把球场划为两个区。中线两侧 3 m 处画有两条平行线，称为进攻线。进攻线把每个场区分为前、后场区。发球区在端线右边，宽为 3 m。场上各线宽为 5 cm，边、端线的宽度包括在球场面积内。

2. 排球网

排球网长 9.50 m，宽 1 m，网孔 10 cm 见方，黑色，上沿缝有 5 cm 宽的双层白色帆布。球网挂在两侧的球网柱上，与中线垂直。男子网高为 2.43 m，女子网高为 2.24 m。球网两侧与场地边线相垂直处挂有一条宽 5 cm 的白色标志带。在标志带外侧各树一根长 1.80 m、红白相间的标志杆。杆的顶端高出球网上沿 80 cm。球触及标志杆或标志带外的球网，均为出界。

5.2 排球基本技术

排球技术根据不同的技术特点和运用方法可分成 7 大类：准备姿势、移动、发球、传球、垫球、扣球、拦网。

5.2.1 准备姿势

1. 动作要领

准备姿势按其身体重心高低可分稍蹲、半蹲和低蹲三种。其中半蹲运用最多(见图 5-2)。其动作为：两脚开立，距离比肩稍宽(女子比男子更宽)，两脚尖适当内扣，脚后跟抬起，膝关节弯曲，大小腿之间的成 90°，上体前倾，重心着力点在前脚掌拇指根部，两肩前探超出膝关节，两臂自然弯曲置于胸腹之间，抬头看球，随时准备移动。稍蹲和低蹲与半蹲基本相同，只是两膝与躯干弯曲程度大于或小于半蹲。

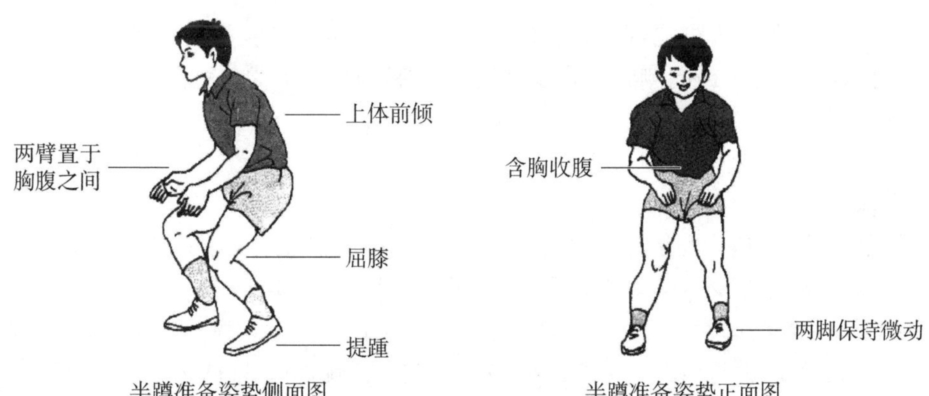

图 5-2 半蹲准备姿势

2. 准备姿势的作用

准备姿势是为了有利于起动、移动，使身体动作和心理活动处于良好的“临战”状态。规范的准备姿势还有利于掌握各项排球技术。

5.2.2 移动

从起动到制动的过程称为移动。移动的目的主要是及时接近球，保持好人与球的位置关系，以便击球。迅速的移动可占据场上的有利位置，争取时间和空间。队员能否及时移动到位，直接影响着技战术的质量。移动是由起动、移动和制动三个环节所组成。

1. 起动

起动是移动发力的开始，它的快慢是移动的关键，起动的速度取决于正确的准备姿势，反应能力和腰腿部的速度力量。在排球比赛中，应根据场上的情况，采取不同的准备姿势，以利于随时改变移动方向和迅速移动。

2. 移动

移动的基本步法包括并步、滑步、跑步、交叉步、跨步、跨跳和综合步。

1）并步与滑步

当来球距身体一步左右时可采用并步移动，如向前移动时，则后腿蹬地，前脚向来球方向跨出一步，后腿迅速跟上做好击球准备。当球在体侧稍远时，并步不能直接近球时，可快速连续并步，连续的并步即滑步。

2）跑步

球离身体较远时需用跑步，采用跑步移动时，两臂要配合摆动，根据来球的方向边跑边转身，并逐渐降低重心保持好击球准备。

3）交叉步

以向右交叉步为例。上体稍向右转，左脚从右脚前面向右交叉迈出一步，然后右脚在向右跨出一大步，同时身体转向来球方向，保持击球前的姿势。

4）跨步和跨跳

跨步比交叉步移动距离近，便于接 1～2 m 的低球。移动时步幅较大，身体重心较低，如向前移动，则后脚用力蹬地，前脚向前跨出一大步，膝部弯曲，上体前倾，身体重心移至前腿上，可以向前、斜前或向侧方。跨步过程中有跳跃腾空，即为跨跳步。

5）综合步

综合步是以上各种步法的综合运用。

3. 制动

制动是移动的结束，也是击球动作的开始。在快速移动后，为了保持稳定的击球姿势，必须经过制动克服身体移动的惯性，以便于完成下一个击球动作。

影响制动快慢的因素有两个：一是支撑反作用力的大小。支撑反作用力越大，制动越快；二是支撑反作用力与地面夹角的大小，夹角越小制动越快。排球运动中往往可以通过重心下降，上体后仰等来减小其夹角。常用的制动方法主要有一步制动法和两步制动法。

1）一步制动法

一步制动时，在移动最后跨出一大步，同时降低重心，膝部和脚尖适当内转，全脚掌横向蹬地，以抵住身体重心继续移动的惯性力，并以腰腹力量控制上体，使身体重心的垂直线停落在脚的支撑面以内。

2）两步制动法

以最后第二步开始做第一次制动，紧接着跨出最后一步做第二次制动。

对于广大初学者来说，应首先学习最基本的半蹲准备姿势，然后学习稍蹲和低蹲准备姿势。按照并步、跨步和交叉步的顺序学习移动，同时了解并掌握滑步、跑步和综合步法。

5.2.3 发球

发球是排球运动中一项重要的基本技术。它是比赛的开始，也是重要的进攻手段。因此，发球首先要有稳定性，然后增加其攻击性和准确性。发球技术种类较多，一般有：正面下手发球、侧面下手发球、正面上手发球、正面上手飘球和勾手大力发球等。无论采用哪种发球，都必须做到以下三点：

一是平稳抛球。以单手或双手将球平稳抛起，每次抛球的高度的距离和落点都要固定。二是击球要准。击球时，要以正确的击球动作击中球体的相应部位，使用力方向与所要发球方向一致。如发下手球应以全手掌或虎口部位击球的后下部，用力的方向应是前上方与球飞行方向一致。三是手法要正确。击球的手法不同，发出球的性能有所不同。如正面上手发球击球时，以全手掌击球的后中下部，手腕和手掌还要有明显地向前推压的动作。而发正面上手飘球时，不能以全掌击球，而是以手掌或掌根击球，击球时要有短促用力和突停的动作（见图5－3）。

图5－3 发球技术

1. 正面下手发球

发球动作较简单，容易掌握，失误少，准确性高。但球的速度较慢，力量小，攻击性较差，一般适用于初学者。动作要领有以下几点。

（1）准备姿势：面对球网站立，两脚前后开立，左脚在前，右脚在后，两膝稍弯曲，上体前倾，左手持球于腹前下方。

（2）抛球摆臂：左手将球平稳抛起在腹前右侧，离手高度约30 cm。在抛球同时，右臂伸直往后下方摆动。

(3) 挥臂击球：以右脚蹬地，右臂伸直，以肩为轴，由体后下方向腹前挥臂摆动，身体重心随之前移，在体前右侧以全掌或掌根击球的后下方。击球后，迅速进场比赛。

2. 侧面下手发球

发球动作较简单，容易掌握，由于它是借助腰腹转动力量带动手臂挥动击球，比较省力，稳定性较好，但攻击性较弱。适用于初学者运用，特别是初学的女生。动作要领有以下几点。

(1) 准备姿势：发球学生左肩对球网站立，两脚左右开立与肩同宽。两膝稍弯曲，上体略前倾，左手持球于腹前。

(2) 抛球摆臂：左手将球平稳抛至腹前离身体约一臂之距，离手高度约 30 cm。在抛球同时，右臂伸直向身体右侧后下方摆动。

(3) 挥臂击球：以右脚蹬地，身体向左转体带动右臂向体前上方挥动，在腹前以全掌或掌根击球的后下方。击球后，迅速进场比赛。

3. 正面上手发球

这种发球由于面对球网站位，因此便于观察对方，易于控制落点，准确性较大，能充分地利用收腹力量带动手臂迅速挥动去击球，使发出的球力量大、速度快、弧线平。由于手腕和手掌的明显向前推压，使发出的球呈上旋态势，不易出界，同时也能增加发球的攻击性。动作要领有以下几点。

(1) 准备姿势：发球学生面对球网，两脚前后自然开立，左脚在前，右脚在后，右手持球在腹前。

(2) 抛球摆臂：左手将球平稳抛至右肩前上方，高度适中。在抛球的同时，右臂屈时抬起并后引，肘关节与肩部齐平，手掌自然张开呈勺形，上体稍向右侧转动，抬头，挺胸，展腹，身体重心移至左脚。

(3) 挥臂击球：击球时，两脚蹬地，上体迅速向左转动，迅速收腹，带动手臂向右肩上方加速挥动，以全手掌击球的后中下部。击球时，手臂要充分伸直，手掌和手腕要迅速明显做推压动作，使球向前呈上旋飞行。击球后，迅速进场比赛。

4. 正面上手飘球

发飘球时由于击球的作用力通过球体重心，使球不旋转并带有飘晃的飞行，使对方难以判断，容易产生错觉，造成接发球困难。发这种球，面对球网；便于观察对方，容易控制落点，准确性较大，成功率较高，攻击性强。正面上手飘球是目前排球比赛中最常用的一种发球方法。动作要领有以下几点。

(1) 准备姿势：与正面上手发球相同。但站位离端线距离变化较大，发远距离飘球时，距离端线要远些；发近距离飘球时，要站的距离近些。

(2) 抛球摆臂：左手将球平稳抛至右肩前上方，稍靠前些，离身体水平距离约半臂左右，抛至相同于击球点的高度，这样便于直线加速挥臂去击球。在抛球的同时，右臂屈时抬起并后引，肘部略高于肩，两眼注视球。

(3) 挥臂击球：当球上升至最高点时，收腹带动手臂快速挥动，以掌根坚硬平面击球的后中下部，使作用力通过球体重心。击球时，五指并拢，掌心向前，手腕紧张并后仰，用力快速、突然、短促，击球后可作突停或下拖动作，不能有推压动作。击球后，迅速进场比赛。

5. 勾手大力发球

这种发球能充分利用转体收腹力量带动手臂猛烈挥动来击球，发出的球速度快，力量大，弧线低，旋转力强，容易造成对方接发球困难，在心理上给对方造成较大威胁。但由于勾手大力发球动作较复杂，技术动作要求高，失误率较大，消耗体力也较大。动作要领有以下几点。

(1) 准备姿势：发球队员左肩对球网，两脚左右开立，与肩同宽，两膝弯曲，上体前倾，重心落在两脚之间，左手或双手持球于胸腹前，两眼注视着对方。

(2) 抛球摆臂：左手或双手将球平稳抛至左肩上方，高度约 1 m，抛球同时，右腿弯曲，重心移至右脚，上体向右侧转动和倾斜，右臂向身体右侧后下方摆动，同时挺胸抬头，两眼注视球体。

(3) 挥臂击球：击球时，右脚用力蹬地，身体向左转动带动手臂沿弧形轨迹向上挥动，在右肩前上方击球。同时身体重心移至左脚，手臂充分伸直保持高点击球，手掌手指自然张开呈勺形，以全手掌击球的后中下部，击球一瞬间，手腕手掌要做迅速地明显向前推压动作，使球呈上旋飞行。击球后，迅速进场比赛。

5.2.4 垫球

垫球是排球的基本技术之一，是比较简单易学的一种击球动作。它是在全身协调用力的基础上通过手臂的迎击动作，使来球从垫击面上反弹出去的一项击球技术。按动作方法可分为正垫、背垫、半跪、前扑、肘滑、滚翻、鱼跃、侧卧、单臂滑行铲、单手、挡球等十多种垫球方法。

1. 正面双手垫球

正面双手垫球是各种垫球技术的基础，适合接速度快、弧度平、力量大、落点低的各种来球(见图5-4)。它是在准备姿势的基础上，判断来球的路线与落点，迅速移动取位，把来球保持在腹部的正前方，两臂插入球下并对准来球。垫球时，利用蹬腿移体和提肩抬臂的协调动作，以两前臂所组成的平面击球的后下方，同时身体重心伴随击球动作前移，将球向前上方垫出。动作要领有以下几点。

图5-4　正面双手垫球

(1) 准备姿势：准备姿势分半蹲和深蹲两种。半蹲主要用于接轻球及中等力量的来球；而深蹲则用于垫重球。比赛中应根据不同情况采用相应的准备姿势。初学垫球时，由于是垫一般的轻球，故可采用半蹲准备姿势。

(2) 击球手型：目前常用的击球手型有两种(见图5-5)。一种是叠掌法，两手手指上下重叠，掌根紧靠，合掌互握，两拇指朝前相对平行靠压在上面一手的

图 5－5 击球手型

中指第二指节上。两臂伸直夹紧，注意手掌部分不能相叠；另一种是抱拳法，两手抱拳互握，两拇指平行朝前，两掌根和两前臂外旋紧靠，手腕下压，使前臂形成一个垫击平面。

（3）双手垫球的击球点一般应尽量保持在腰腹前的一臂距离，有两小臂腕关节以上 10 cm 左右桡骨内侧平面击球为宜。击球部位过高，既不便于控制球，又易造成“持球”或“连击”犯规；击球部位过低，垫在虎口上，球易不稳，对球的方向、力量控制不准。

（4）击球动作在判断来球移动取位的同时，应根据来球情况和击球的需要变化身体重心，使击球点保持在腹部高度的正前方，并将两臂迅速插入球下。击球时蹬腿提腰，重心随之前移，同时含胸提肩，压腕抬臂，全身协调，迎向来球，将球准确地垫在小臂击球部位上。在垫击瞬间，两臂应保持平稳固定，身体重心和两臂要有自然的随球伴送动作，以便控制球的落点和方向。

（5）击球用力如果来球的力量小或垫出的球距离远，垫击必须加上抬臂动作，给球以反击力；如果来球的力量大或垫出的球距离近，则只需轻轻一垫，靠反弹力垫出；有时来球力量大，为了缓冲来球的力量，手臂还需顺势后撤，加上含胸收腹的协调力，使球得到缓冲而垫出。一般来说，垫球的用力大小与来球的力量成反比，与垫出球的距离成正比。

2. 跨步垫球

当来球离身体一步左右，但速度较快或部位较低，而来不及移动对正时，队员迅速向前或向侧跨一步垫球的动作叫跨步垫球。跨步垫球在接发球和接扣球中广泛运用。它是滚翻倒地等低姿势垫球的基础。

动作要领：跨步垫球时，看准来球落点，及时向前或向侧跨出一步，屈膝制动，重心落在跨出腿上，上体前倾，臀部下降，后腿自然伸直或随重心前移而跟着上步，两臂前伸插入球下，用前臂击球的后下部。

3. 体侧垫球

来球飞向体侧，队员来不及移动对正来球，可用双臂在体侧进行垫击称为体侧垫球。

动作要领：以左侧垫球为例。先以右脚前脚掌内侧蹬地，左脚向左跨出一步，身体重心随即移至左脚，并保持两膝弯曲。与此同时，两臂向左侧伸左臂高于左臂，右肩微向下倾斜，两臂组成的击球面对准来球并拦击来球。击球时，以腰部发力，并借助左脚蹬地的力量，使身体微向内转，同时提肩抬臂将球垫起。

4. 挡球

来球高且重，不便于传和垫时，用手或单手在肩部以上挡击来球称为挡球。挡球主要用于防守中接高于肩的球，二传队员在紧急时也可采用单手挡球，运用挡球可以扩大控制范围。挡球技术是垫球技术的重要补充，它可分为双手挡球和单手挡球。

动作要领：双手挡球的手型有抱拳式和并掌式。抱拳式的手法是两肘弯曲，一手半握拳，另一手外包，两掌外侧朝前；并掌式的手法是两肘弯曲，两虎口交叉，两掌外侧朝前，合并成勺形挡球时，小臂放松，两肘朝前，手腕后仰，以掌根或掌外侧组成平面，挡击球的后下部。击球点在额前或两侧肩上。挡球瞬间手腕要紧张，用一定的力量接球向上挡起。

5.2.5 传球

排球有正传、背传、侧传和跳传四种传球技术。这四种技术的传球手型基本相似，都是在额前上方击球。传球是由准备姿势、迎球、击球、手型、用力5个动作部分组成。其中较难掌握的是触球时的手型。

1. 传球的动作要领

(1) 准备姿势：稍蹲，面对来球，双手自然抬起，放松，置于脸前。

(2) 迎球：当球下降至额前时，蹬地伸膝，伸臂，两手向前上方迎击来球。

(3) 击球：击球点在额前上方一球距离处，有利于看准来球和控制传球方向。

(4) 手型：两手自然张开成半球形，两拇指相对成“一”字型，用拇指内侧、食指全部、中指二、三关节触球。无名指和小指在两侧辅助控制传球方向。

(5) 用力：传球动作是全身协调用力。传球用力的顺序是蹬地，伸膝，伸腰，手指手腕屈伸。最重要的是利用伸臂和手腕手指的紧张和球压在手指上产生的反弹力将球传出去。

2. 背传

背传是向身体背后上方的传球，其主要用于组织进攻，是二传队员必须掌握的主要传球技术之一。比赛中熟练运用背传技术，能够使进攻战术多样化，可出其不意迷惑对方。

动作要领：背传准备姿势中上体应比正面传球稍直立，身体重心在两脚之间，不要前倾，双臂屈肘抬起，两手成传球手型置于脸前。传球时，稍抬头挺胸，在两腿蹬地的同时，上体向后伸展，击球点保持在额上方。击球时，手腕适当后仰，掌心向上，手指击球的下部，利用向后上方伸臂、伸肘动作的手指、手腕的弹力将球向背后方向传出。

3. 跳传

跳传是当一传弧线较高而又接近球网时所采用的跳起传球技术。目前在比赛中运用比较广泛，一般用于二传。跳传可起到加快进攻速度和迷惑对方的作用，并且可使进攻战术多样化，扩大进攻的范围，减少二传环节中的失误。无论是原地起跳还是助跑起跳跳传的起跳动作都与扣球、起跳动作基本相似。起跳时，首先选好起跳点和掌握好起跳时间。起跳后，两臂屈肘抬起，两手放置脸前，击球点保持在额上方，在身体跳至最高点时，用伸臂动作及手指、手腕的弹力将球传出。由于人在空中，无法用上伸腿蹬地的力量去传球，因此，要加大伸臂的幅度和速度。

5.2.6 扣球

扣球是排球的基本技术之一，也是攻击性最强最有效的进攻手段，在比赛中占有非常重要的地位。扣球是在二传配合的基础上，完成进攻战术的最后关键一环，是得分和夺取发球权的重要的有力武器，扣球技术一般分为正面扣球、调整扣球、扣快球等。

1. 正面扣球

正面扣球技术由准备姿势、判断和助跑、起跳、空中击球、落地等环节组成。动作要领

图 5－6　正面扣球

如图 5－6 所示。

(1) 准备姿势：两脚自然开立，一脚在前，另一脚在后，两膝稍屈，上体自然前倾，两臂稍屈自然下垂置于体侧，两眼密切注视来球。

(2) 判断和助跑：首先是对一传进行判断，然后判断二传的方向、速度、弧线、落点，一面助跑，一面判断。判断贯穿在整个助跑、起跳和击球的全过程。助跑的目的是为了接近来球，选择正确的起跳点，掌握好起跳时间，使身体获得足够的助跑水平速度，以便增加弹跳的高度，使扣球更加有力。以两步助跑为例，助跑时，左脚先向前自然迈出一步，接着右脚再迅速跨出一大步，同时两臂迅速向体侧后下方划弧摆动，右脚以脚后跟先着地，迅速过渡到全脚掌落地，左脚迅速并上，落在右脚的前面，两脚之间距离与肩同宽，两脚尖稍向右转、膝关节弯曲。

(3) 起跳：起跳时，两膝弯曲并稍内扣，上体前倾，在两脚迅速用力蹬地的同时，两臂由体侧后迅速向体前上方摆动，迅速展腹，带动整个身体垂直腾空而起。

(4) 空中击球：起跳后，右臂随之抬起，上体稍向右转，抬头挺胸并展腹，击球手臂后引，肘部自然弯曲略高于肩。挥臂时，以迅速向左转体和收腹、收胸的动作带动手臂挥动，成快速用鞭动作向右肩前上方挥击。击球时，五指微张呈勺形，并保持适当的紧张，以全手掌包住球，掌心为击球中心，手臂充分伸直，击球的后中上部或后中部，手腕猛力迅速下甩，同时主动屈指向前推压。

(5) 落地：一般情况往往是左脚先着地，为了避免单脚先落地造成膝关节损伤，应力争两脚同时落地。落地时，应以前脚掌先着地再过渡到全脚掌着地。同时顺势收腹、屈膝，以缓冲下落的力量。

2. 调整扣球

调整扣球是指在接发球或后排防守垫球不到位时，二传队员从后场区将球传到网前所进行的扣球。调整扣球技术动作与正面扣球相同，但由于二传球来自后场区，有近网球，也有远网球，还有拉开球和集中球，与球网有一定的角度并且弧线不固定，扣球队员难以判断，所以扣这种球难度较大。因此，扣球队员要准确判断来球的方向、弧线、速度和落点。调整好人和球的关系，选择好起跳点，掌握好起跳时间。根据人和球网的距离，合理地采用不同的扣球方法，控制好扣球的力量、速度、方向、路线和落点。

3. 扣快球

快球是扣球队员在二传队员传球前或传球的同时起跳，并迅速将二传队员传出的球，击入对方场区的扣球。快球可在时间上争取主动，起着攻其不备、突然袭击的作用，可使对方拦网和防守产生判断错误。这种扣球的特点是速度快、力量大、时间短、落点近、突然性强、牵制能力大。快球技术动作方法较多，有近体快球、半快球、短平快球、平拉开快球、背快球、背平快球等。

5.2.7 拦网

拦网是在网前跳起用双手阻拦对方的扣球，它既是防守技术，也是进攻手段。拦网是防守的第一道防线，是反攻的重要环节。拦网可以将对方有力的扣球拦起，减轻后排防守的压力。拦网水平的高低，直接影响着比赛的胜负。在当前排球技术迅速发展的情况下，拦网技术水平的提高使网上争夺更加激烈。拦网既可以原地塌跳，也可发移动助跑起跳；既可以单人拦网，也可以双人拦网或多人拦网。

1. 单人拦网

单人拦网的动作要领如图 5－7 所示，具体步骤有以下几点：

(1) 准备姿势：面对球网，两脚平行开立约与肩宽，两手自然置于胸前。

(2) 移动：可采用并步、跨步、滑步、交叉步、跑步等，将身体重心移动到拦网位置，准备起跳。

(3) 起跳：移动后立即制动，使身体正对球网后起跳，或在起过程中在空中使身体转向球网。起跳时，膝关节弯曲，两脚用力蹬地，两臂在体侧划小弧用力上摆，带动身体向上垂直起跳。

图 5－7 单人拦网技术

(4) 空中击球：起跳后稍收腹，控制平衡。两手从额前贴近并平行于网向网上沿前上方伸出，两臂伸直，两肩尽量上提。拦击时，两手尽量伸向对方上空，接近球，两手自然张开，屈指屈腕呈勺型。当手触时，两手要突然拦腕，用力捂盖平均奖前上方。

(5) 落地：拦网后自然落回地面，落地时屈膝缓冲。

2. 集体拦网

集体拦网有双人拦网和三人拦网。集体拦网的目的是为了扩大拦网的截击面。集体拦网除按个人拦网技术的要求外，更重要的是拦网队员之间的配合。集体拦网配合时应注意以下几个问题：

(1) 集体拦网要确定以谁为主，密切协同配合，防止各行其是。

(2) 主拦队员确定拦网中心，配合队员要及时选好起跳点，起跳时应避免互相冲撞和干扰。

(3) 起跳后，手臂在空中要保持适当距离，尽量扩大拦击面，但手与手之间距离不要过大，以免造成漏球。

(4) 不同身高的队员要加强起跳时间的配合，一般来说，高个子队员起跳时间应稍晚于矮个子队员。

(5) 把身材高、弹跳力强、拦网好的队员换到3号位或换到对方扣球威力大的位置上，以加强本方拦网的威力。

5.3 排球基本战术

排球战术是指队员在比赛中根据排球规则的要求、排球运动规律和比赛双方的情况合理运用技术所采用的有意识、有目的、有组织的个人和集体配合行动。

5.3.1 阵容配备

阵容配备有三种配备方式，如图5-8所示。

1. "四二"配备

场上两个二传手、四个攻手（其中两个主攻手、两个副攻手）安排在对称的位置上。每一轮次前排都有一个二传队员和两个进攻队员，便于组织前排二传传球的两点进攻和后排二传插上传球的三点进攻。但每一个进攻队员必须熟悉两个二传队员的传球特点，配合比较困难。

2. "五一"配备

场上一个二传队员，五个进攻队员。为了弥补有时主要二传队员来不及传球所造成的被动局面，通常在二传队员的对角位置上，配备一名有进攻能力的接应二传队员。二传队员在前排时采用两点进攻，二传队员在后排时采用进攻和拦网的力量。"五一"配备中，全队进攻队员只需适应一名二传队员传球的习惯、特点，容易建立配合间的默契。但防反时，一传队员如果在后排，要插上传球，难度较大。

3. "三三"配备

三名能攻的队员与三名能传的队员间隔站位，使每一轮次都有传有扣，是初学者常用的阵容配备。

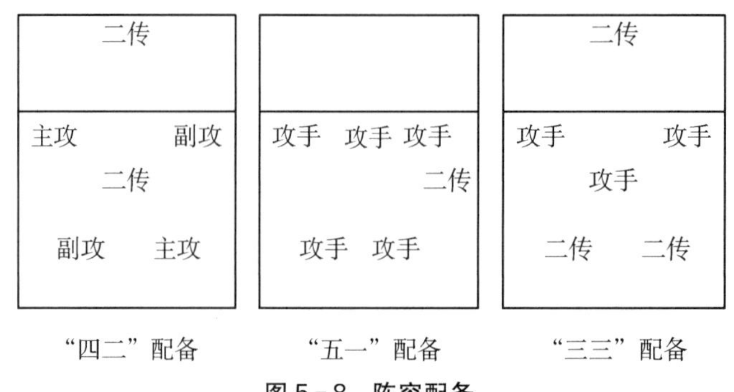

图5-8 阵容配备

5.3.2 进攻战术

进攻战术是指在接对方发过来，扣过来，拦过来和传、垫过来的球后，全队所采取的有目的、有组织的配合进攻行动。进攻战术又可分为进攻阵形和进攻打法。

1. 进攻战术阵形

进攻战术阵形是进攻时采取的队形，阵形是基本一致的，分为“中一二”“边一二”“插上”三种阵形。

1）“中一二”进攻战术阵形

3号位队员做二传，将球传给4、2号位队员进攻的组织形式。优点是一传向网中3号位垫球比较容易，因而有利于组成进攻，适合初学者采用；二传队员在网前接应一传的移动距离近，向2、4号位传球的距离较短，容易传准。缺点是战术变化少，容易被识破进攻意图(见图5－9)。

图5－9 “中一二”进攻战术阵形

2）“边一二”进攻战术阵形

2号位队员作二传，将球传给3、4号位队员进攻的组织形式。优点是右手扣球者在3、4号位扣球比较顺手，战术变化较多。缺点是5号位接一传时，向2号位垫球距离较远，一传偏4号位时，二传传球较为困难(见图5－10)。

图5－10 “边一二”进攻战术阵形

3）“插上”进攻战术阵形

二传队员由后排插上前排作二传，把球传给前排4、3、2号位队员进攻的组织形式。

其优点是能保持前排三点进攻，战术配合变化多，并能利用网的全长组织进攻。缺点是对“插上”二传队员的要求较高(见图 5－11)。

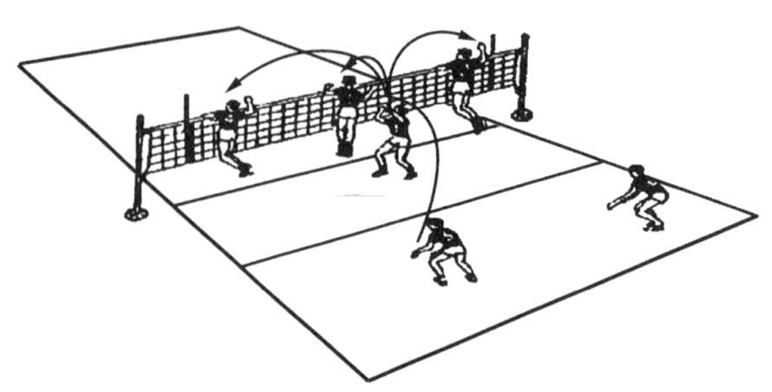

图 5－11 “插上”进攻战术阵形

2. 进攻战术打法

进攻战术打法是指二传队员与扣球队员之间所组织的各种进攻配合。包括强攻、快攻和两次球进攻三种基本打法。每种打法中又有若干不同战术配合。而所有这些打法又都可以在“中一二”“边一二”和“插上”三种进攻战术阵形中具体运用。

1）强攻

强攻指在没有同伴掩护的情况下，在对方有准备的拦防情况下强行突破的进攻。强攻的二传球较高，根据不同的二传球位置可以分为集中进攻、拉开进攻、围绕进攻、调整进攻等，后排队员的高球进攻也属于强攻的打法。

2）快攻

快攻指扣二传传出的各种平快球，以及用这些平快球作掩护所组成的各种战术配合。可以分为平快球进攻、自我掩护进攻、快球掩护进攻三类。平快球进攻常用的有前快、背快、短平快、平拉开、背溜、调整快、远网快、后排快、单脚起跳快等。自我掩护进攻包括时间差、位置差、空间差的进攻。快球掩护进攻包括各种交叉进攻、夹塞进攻、梯次进攻、前排快攻掩后排进攻的本位进攻等。

3）两次球进攻

两次球进攻指一传来球较高，又在网前适合扣球的位置上，前排队员跳起来直接进行扣球，如遇拦网，就在空中改做二传，把球转移给其他前排队员进攻。

5.3.3 防守战术

排球的防守战术是组织进攻或反攻战术的基础，没有严密的防守进攻就无从组织。而一切防守战术都应从积极为进攻和反攻创造条件的角度进行设计和考虑。

1. 接发球的防守战术

当对方发球时，本方处于防守地位，也是组织第一次进攻的开始。事先站好位置，摆好阵形是接好发球的基础。站位的阵形，不仅要有利于接球，也要有利于本方所采用的进攻战术。同时，还要根据对方发球的特点，采取不同的阵形。通常多采用 5 人接发球和 4 人接发球。

1）五人接发球站位阵形

除1名二传员站在网前或从后排插上准备二传不接发球外，其余5名队员都担负一传任务的接发球站位阵形。其优点是队员均衡分布，每人接发球的范围相对减小；接发球时，已站成了基本的进攻阵形，组织进攻比较方便，适合接发球水平不太高的球队。其缺点是一传队员从5号位插上时距离较长，难度大；3号位队员接球时，不便组成快攻战术；不利于队员间的及时换位；队员之间地带较多，配合不默契时，容易互相干扰(见图5－12)。

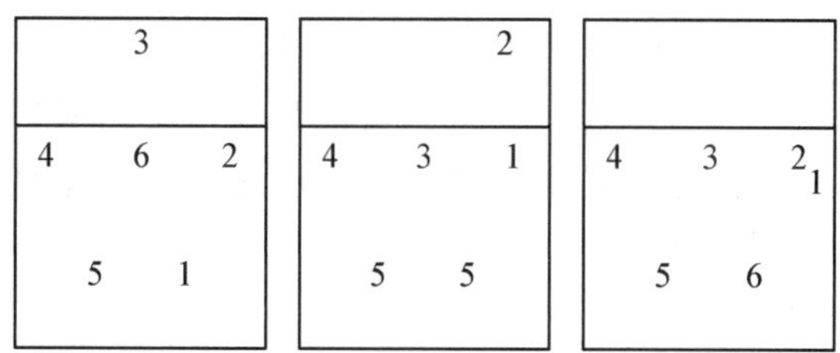

图5－12 五人接发球站位阵形

2）四人接发球站位阵形

“插上”二传队员与同列的前排队员均站在网前不接发球，其他4人站成弧形接发球的站位阵形。其优点是便于后排插上和不接发球的前排队员及时换位；其缺点是对接发球的4人要求有较高的判断、移动能力和掌握较好的接发球技术(见图5－13)。

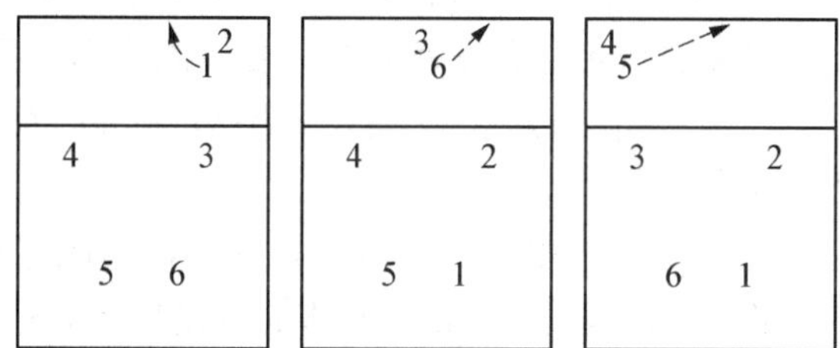

图5－13 四人接发球站位阵形

2. 接扣球的防守战术

接扣球的防守与组织反攻是密不可分的，只有防守成功才能有富有成效地反攻。接扣球的防守战术是前排拦网与后排防守的整体配合，根据对方进攻情况、本队队员特长、防守后的反攻打法，一般可分为不拦网、单人拦网、双人拦网和三人拦网的防守阵形。

1）不拦网的防守阵形

在对方进攻较弱，没有必要进行拦网时，可以采用不拦网的防守阵形。这种阵形与5人接发球站位阵形相似，前排进攻队员要撤到进攻线后准备防守和防守后的反攻；后排队员后退准备防后场球；二传队员留在网前准备接吊到网前的球和组织进攻。

2）单人拦网的防守阵形

当对方扣球威胁不大，扣球路线变化不多，轻打中吊球较多时，可以主动采用单人拦网的防守阵形。拦网队员拦扣球的主要进攻路线，不拦网队员及时后撤防守前区或保护拦网人，后排队员后撤加强后场防守。

3）双人拦网的防守阵形

对方水平较高、进攻力量较强、进攻路线变化较多时，多采用这种防守阵形，即两人拦网、四人接球。通常分为“边跟进”和“心跟进”两种。

（1）“边跟进”。多在对方进攻较强，吊球较少时采用。当对方 4 号位队员进攻时，我方 2、3 号位队员拦网，其他 4 个队员组成半圆弧形防守。如遇对方吊前区，由边上 1 号位队员跟进防守。其特点是加强了拦网；缺点是边上的队同又要防直线，又要跟进防前区，比较困难。

（2）“心跟进”。在本方拦网能力强，对方采取打吊结合时采用。当对方 4 号位队员进攻时，我方 2、3 号位队员拦网，后排中间的 6 号位队员在本方拦网时跟在拦网队员之后进行保护，其余 3 名队员组成后排弧形防守。其优点是加强了前区的防守能力。缺点是后排防守队员之间的空当较大。

4）三人拦网时的防守阵形

对方主要扣球手进攻实力很强、不善吊球的情况下可采用三人拦网，三人后排接球的防守阵形。这种阵形加强了网上力量，但后防的空隙也相对增大。三人拦网时，后排防守的 6 号位队员可以跟进到进攻线附近保护，也可以退至端线附近防守。

3. 接拦回球的防守战术

本方扣球时必须加强保护，积极防守被拦回来的球，并及时组织继续进攻。由于拦网人可以将手伸过网拦网，拦回的球通常速度快、角度小，因而接拦回球的保护阵形应形成多道防线的弧形状，且第一道防线紧跟在扣球人身后。以我方 4 号位队员进攻，其他 5 人保护为例。5 号位队员向前移动和向左后方移动的 3 号位队员形成第一道防线，1 号位队员保护后场，为第三道防线。其他位置进攻时，保护的阵形也可按同样道理布阵。

4. 接传、垫球的防守战术

当对方无法组织进攻，被迫用传、垫球将球击入我方时，我方的防守便称为接传、垫球的防守。这种情况在初学者中出现较多。由于来球的攻击性小，我方的防守阵形与不拦网情况下的防守阵形相同，即前排除二传队员外，其他的队员都迅速后撤到各自的位置，准备接球后组织进攻。需要注意的是在后撤和换位的过程中，动作要迅速并随时做好接球的准备。

项目 6

羽 毛 球

学习目标

(1) 了解羽毛球运动的起源与发展、特点和健身价值。
(2) 掌握羽毛球的基本技术,了解羽毛球运动的基本战术。
(3) 能够运用所学的知识赏析国内外羽毛球比赛。

技能目标

(1) 掌握羽毛球的基本技术。
(2) 掌握羽毛球运动的规则,能进行羽毛球运动训练。
(3) 增长肌肉力量,增强各关节韧带的柔韧性,提高身体协调和灵活性以及平衡能力。

思政目标

(1) 树立正确的体育观、健康观,培养终身体育的意识。
(2) 热爱羽毛球运动,培养坚韧、顽强,勇于战胜困难的意志品质。

6.1 羽毛球运动简介

羽毛球运动源远流长,早在两千多年前,中国、日本、印度、泰国等就已有类似现代羽毛球运动的游戏了。14～15 世纪时,日本出现了木制球拍,用樱桃核插上羽毛制成球来回对打的游戏,这便是当今羽毛球运动的雏形。到了 18 世纪,印度的普那出现了一种与早年日本羽毛球游戏极相似的游戏,用直径 6 cm 的圆形硬纸板中间挖孔,插上羽毛制成球来回对打,此项游戏称为"普那"。

现代羽毛球运动起源于 19 世纪的英国。1870 年出现了用羽毛、软木制成的球和穿弦的球拍。1973 年,英国公爵鲍弗特在格拉斯哥郡的伯明顿庄园内,举行了一次羽毛球游戏,从此羽毛球运动便逐渐开展起来,"伯明顿"也成了羽毛球的名字。1893 年英国成立了羽毛球协会;1899 年第 1 届全英国羽毛球锦标赛在伦敦举行;1934 年成立国际羽毛球联合会;1939 年国际羽毛球联合会通过了各会员国遵守的《羽毛球竞赛规则》;1978 年在中国香港成立了世界羽毛球联合会，同年11月举行了第1届世界羽毛球锦标赛；1981年国际羽毛球联合会和世界羽毛球联合会合并，统称世界羽毛球联合会。

目前，由国际羽联组织的世界性重大赛事有：汤姆斯杯男子团体赛、尤伯杯女子团体赛、世界锦标赛、世界杯赛、苏迪曼杯混合团体赛、世界青少年羽毛球单项锦标赛、世界羽毛球系列大奖赛等赛事。1992年，在第25届奥运会上羽毛球被列为正式比赛项目。

羽毛球运动于1920年前后传入中国，当时只局限在北京、天津、上海、广州、成都等大城市中的基督教青年会和教会学校等一些外国人较集中的地方开展。直到中华人民共和国成立后才得以广泛开展。目前我国是世界羽坛强国，特点是“快、狠、准、活”，在世界大赛中多次荣获男、女团体和单项冠军。

6.2 羽毛球基本技术

6.2.1 握拍法

1. 正手握拍法

动作要领：使拍面与地面垂直，张开持拍手，虎口对着拍柄窄面内侧的小棱边，拇指和食指贴在拍的两个宽面上，食指与中指稍分开，中指、无名指和小指自然并拢握住拍柄，掌心不要紧贴拍柄（见图6－1）。

2. 反手握拍法

动作要领：在正手握拍的基础上，将球拍稍向外转，拇指上提，拇指内侧顶贴在拍柄内侧的宽面上，或顶贴在拍柄左上斜面上，食指、中指、无名指和小指并拢握住拍柄，拍柄与掌心间应留空隙（见图6－2）。

图6－1 正手握拍

图6－2 反手握拍

按正确的要领握拍，并交替作正手握拍和反手握拍的练习。练习时，注意适时放松手指，快而准确地变换握拍法。

6.2.2 发球

发球违例一般有发球“过腰”和发球“过手”两种。发球“过腰”违例是指发球时，击球点应在腰部以下位置，如超过即为“过腰”违例（见图6－3）。发球“过手”违例是指在击球瞬间，整个球拍头应明显低于发球员的整个握拍手部（见图6－4）。

图6-3 发球“过腰”违例

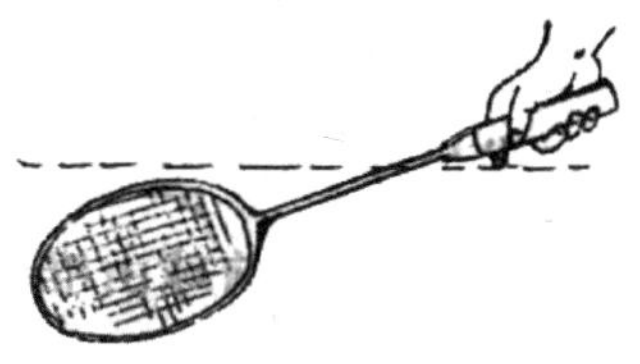

图6-4 发球“过手”违例

1. 正手发高远球

正手发高远球是将球击得又高又远，几乎垂直落至对方端线附近的球。它是发球的基本技术，由准备姿势、引拍动作、击球动作和跟进动作4个环节组成(见图6-5)。

动作要领：

(1) 身体放松稍侧向球网站立，两脚前后分开，左脚尖对网，重心落在两脚间，两臂抬起，持球手略高于握拍手，眼睛注视对手。

(2) 引拍时，持球手松开，使球自然下落，同时右上臂随转体处旋转，并对前臂作弧形摆动，身体重心移至右脚，完成引拍动作。

(3) 完成引拍后，身体由侧面转向正面，重心随转体动作前移至左脚；右臂向侧下方挥动，在触球瞬间，前臂内旋带动手腕快速向前上方闪动发力，用正拍面将球击出；右脚跟自然离地，最佳击球点在身体右侧前下方。

(4) 击球后，持拍手自然顺势向左臂上方挥动，完成跟进动作，之后两臂还原成接球前准备动作。

图6-5 正手发高远球

2. 反手发网前球

反手发网前球由准备姿势、击球动作和跟进动作组成(见图6-6)。

动作要领：

(1) 面向球网站在靠中线、距前发球线较近的位置，右脚在前，左脚在后，脚跟提起，重心落在右脚上。采用反手握拍法，肘关节抬起，手腕前屈，左手持球斜放在拍面前面。

(2) 挥拍击球时，球拍稍向后回摆，并连贯地向前挥动，前臂向斜前上方推送，同时带动手腕由屈到微伸向前摆动，并利用拇指顶力，“切击”球托的侧后部。

(3) 击球后，前臂上摆至一定高度即停止。

图 6-6　反手发网前球

3. 练习方法

(1) 墙上画一条网线,练习者距墙 2 m 处站立,对墙发正手高远球或反手网前球。

(2) 场上发球可一个人练习(多球),也可结合接发球进行两人对球。

(3) 发高远球时,练习者在掌握正确发球动作基础上力求将球发得高和远,同时注意左、右落点的变化。

(4) 发网前球时应使发出的球尽量贴网而过,球的落点在对方前发球线或稍后处,且要有变化。

6.2.3　接发球

1. 上手正手高远球

上手正手高远球由准备姿势、引拍动作、击球动作和跟进动作 4 个环节组成(见图 6-7)。

图 6-7　上手正手高远球

动作要领:

(1) 从准备姿势起,当判断出对方来球后迅速移动,调整好人与来球间的位置,同时上体右转成侧身对网,两臂由体前向上抬起,身体重心落在右脚上,眼睛盯住来球。

(2) 转肩抬肘使拍头垂于背后,手腕充分伸展,准备击球。

挥拍击球,从右脚后蹬开始,通过转体、收腹,以上臂带动前臂及手腕加速前摆,击球的瞬间,手腕手指迅速发力,用正拍面将球击出,击球点在右肩的前上方,身体重心升至最高点。

（3）击球后，球拍顺势挥至左前下方，右脚上步，平衡重心。

2. 上手反手高远球

上手反手高远球由准备姿势、引拍动作、击球动作和跟进动作 4 个环节组成（见图 6－8）。

图 6－8 上手反手高远球

动作要领：

（1）判断对方来球方向和落点后，迅速转向后方，右脚前方交叉跨到左侧底线，身体背对网，重心落在右脚上，使球在身体的右上方。右手反手握拍，屈肘举手身体右侧。

（2）持拍臂，肘向上抬举，曲肘使前臂手放于胸前，球拍横至左胸前，拍面朝上完成引拍。

（3）击球时用上臂带动前臂，通过手腕的闪动发力，自下而上的甩臂将球击出，身体重心从右脚转至左脚。

（4）击球后随身体重心转移，身体转成正面对网跟进回位，持拍手臂制动收回胸前。

3. 练习方法

（1）空中悬球练习。用一细绳将球挂在适合于击高球的位置上，或利用自然环境中的树枝，反复练习击高球动作，检查击球点以及球与球拍的接触面是否正确，并逐渐掌握正确的发力方式。

（2）原地一对一、斜线击高远球练习。

（3）移动中对打高球练习。较熟练掌握原地击高球技术后，即可过渡到移动中练习对打高球。一个人固定，一个人前后移动练习高远球。

（4）两点打一点练习。一个人固定在后场击一次直线球、一次斜线球（两点），另一个人通过移动将直线球、斜线球固定地回击至对方一点上。

6.2.4 杀球

杀球是全力将球向下扣压的技术，分正手杀球、反手杀球和头顶杀球 3 种。根据击球角度的不同，可分为正、反手杀直线和斜线球；根据击球力量的大小，可分为重杀和点杀；根据击球距离和落点不同，可分为长杀和短杀；以及利用时间差而采用的突击杀等。

动作要领：

首先，动作须协调一致，如果动作失调就会影响到扣杀质量；其次，不盲目进行单一的大力扣杀，这不仅不能争取主动，反而会消耗体力，达不到应有的效果，甚至使自己陷入被动；最后，要与打高球、吊球、劈球等各种技术有机结合，并在杀球的力量、落点和时机上加以灵活运用，为杀球创造机会，这样才能显示出杀球的威力（见图 6－9 和图 6－10）。

图 6－9　杀球 1　　　　图 6－10　杀球 2

杀球前的准备姿势和击球动作与正手高远球相同，不同点是最后用力的方向朝下，并要充分利用蹬地、转体、收腹以及手臂和手腕的爆发力将球向下击出。

练习方法：

由于接杀球者一般不易把对方的杀球连续挑回后场，所以，练杀球一般采用多球练习。一个人利用多球将球连续发至练习者的后场，在原地进行扣杀练习，然后再过渡到移动中扣杀练习。初学者一般先练习正手杀球，待熟练掌握技术后，再练头顶或反手杀球。在练习杀球时也要注意落点和线路的变化。

6.2.5　放网前球

放网前球由准备姿势、引拍动作、挥拍击球和击球动作组成（见图 6－11）。

图 6－11　放网前球动作技术

动作要领：

(1) 侧身对网，右腿跨步成弓箭步，左脚在后自然拉开，上体略前倾，右手持拍前伸约与肩平。

(2) 采用后交叉步加蹬跨步到右网前区，前臂随步法移动伸向右前上方，手腕稍后伸完成引拍动作。

(3) 击球时，拍面稍朝前下方倾斜，用手腕和手指的力量，抬击球托的底部，使其跃网而过，贴网下落。

(4) 击球后，手腕伴有一定的制动动作，右脚掌蹬地向中心位置回动，击球手臂收回至胸前。

练习方法：

不论是练习搓球，还是练习勾对角球、扑球、放网前球、平推球等均宜采用多球练习。训练者通过大密度的练习，可充分体会网前击球细巧动作的感觉。练习时，两人隔网相立，将球一个接一个地抛至练习者一方的网前，练习者用正手或反手技术练习各种网前击球。一开始原地练习，待较熟练掌握各种网前技术后，可结合上网步法进行练习。

6.2.6 羽毛球步法

羽毛球步法由垫步、交叉步、蹬步、跨步和跳步组成。可分为上网步法、后退步法、两侧移动步法和起跳腾空步法。上网步法是完成上网搓球、放网前球、勾球、推球、扑球及挑球的步法。包括跨步上网、垫步加蹬步上网、前交叉加蹬跨步上网、后交叉回蹬步上网和蹬步上网步法；后退步法是完成后退回击高球、吊球、杀球、后场抽球的步法。包括正手、反手、头顶后退步法，正手后退并步加跳步步法，头顶侧身加跳步步法；两侧移动步法是完成中场球的回击步法，如接杀球、接平射球等。包括左、右侧移动步法和左、右侧蹬跳步法。

练习方法：

1. 单个步法练习

初练步法时，徒手按照各种步法的动作要领，一步一步分解后进行练习。这一阶段主要是体会脚步的顺序及击球前最后一步姿势。

2. 综合步法练习

在熟练地掌握各单个步法的基础上，将几个单个步法组合起来进行全场性的综合步法练习。初学者进行综合步法练习，一般要经过以下几个步骤：

1) 固定移动路线的步法练习

这一阶段主要是在固定移动路线上，熟悉各单个步法的跑动路线。如从中心位置开始，先后退至正手底线，然后回到中心位置，再上右网前，接着再回中心位置，如此循环等。

2) 不固定移动路线的步法练习

在熟练地掌握向各个固定方向的移动步法后就可进行不固定方向的移动练习。练习者可随心所欲地在全场范围内进行步法练习，也可在场外指挥者的指示下进行综合步法练习。在进行不固定移动路线步法练习时应注意：不论是自练还是按场外指导指示练习，都要避免惯性机械地移动步子，而应多做一些无规律的重复跑动，这样才能与实战结合进来。

3) 回击多球的步法练习

陪练者将多球先后发往练习者的前后左右场区，迫使练习者运用各种步法移动去迎击来球。此练习方法既可练步子又可练手法，练习密度大，实际效果好。

6.3 羽毛球基本战术

6.3.1 发球区域

通常将发球区域分为4个位置：1、2号位为接发球区网前左右两角；3、4号位为接发球区后场左右两角(见图6-12)。

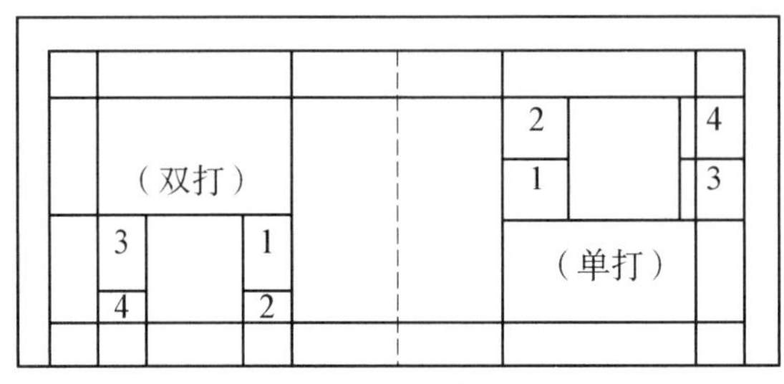

图6-12 发球区域

6.3.2 战术特点

将球发至4号位，便于拉开对手位置，下一拍可调动对方到对角线网前，但应注意对手直线平高球进攻后场；将球发至3号位，可避免对手快速直线平高球攻击自己的边线两角，因为中线的出球角度小，便于防守；将球发至1号位，对手出球角度小，便于判断对手的出球线路，特别有利于回击对方推至后场的球；将球发至2号位，有利于下一拍突击对手另一边空当地带。

6.3.3 站位

1. 单打基本站位

一般情况下，单打时多以场地中心位置或稍偏后一点站位，此点使运动员几乎能等距处理前、后场左右两角的来球。同时，该位置还能兼顾到初学者后场回击球能力较弱的特点(见图6-13)。

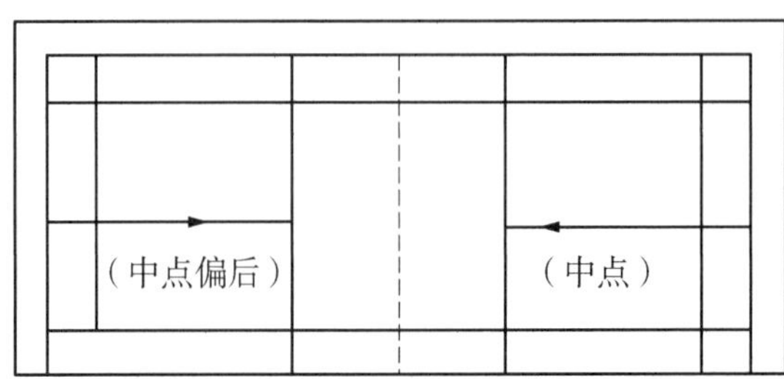

图6-13 单打站位

2. 双打基本站位

比赛时无论进攻还是防守，两人的站位要合理地分开，这样能顾及场范围的任何一点。

（1）前后站位。一人在前场，一人在后场，形成纵向队列。这种站位适宜于进攻时使用，一名选手在后场进攻，其同伴在前场封网。但两人的站位最好不在一条直线上，前场选手要根据后场选手的路线来选择自己的站位（见图 6－14）。

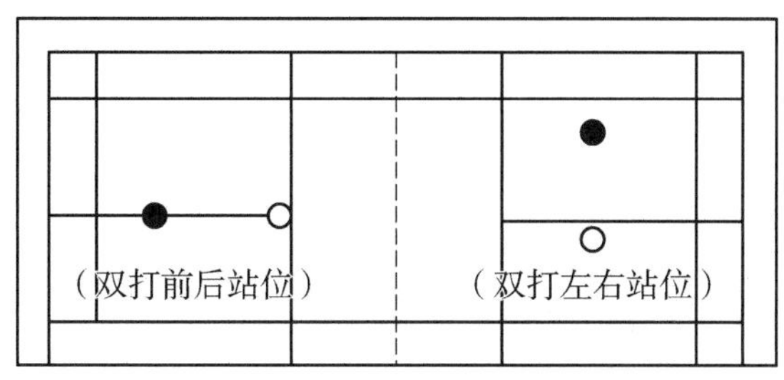

图 6－14 双打前后站位

（2）平行站位。两位选手采用平行的左右站位，这种站位法主要用于防守。但当一方处于连续进攻，两人都压向网前时，也可采用平行站位法（见图 6－15）。

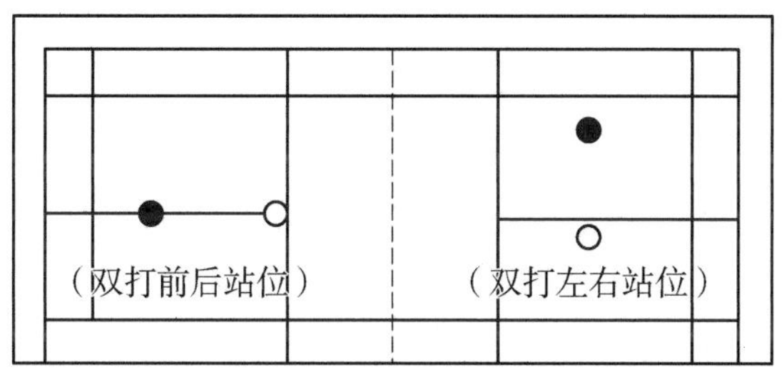

图 6－15 双打平行站位

站位方法在实际运用中不是固定不变的，在掌握基本方法的基础上，可视个人的具体情况及战术需要因时因地灵活运用。尤其在双打中攻守转换非常迅速，需要运动员及时根据场上情况合理调整站位。

6.3.4 压后场底线战术

此战术是通过高远球、平高球或推球将球击至对方底线两角附近，迫使对手后退到底线处，造成对手被动，然后寻机以大力扣杀或快吊或突击点杀进攻前场空当的打法。这种战术是力量和后场高、吊、杀技术的较量，是初学者首先应学会的基础打法。这种战术用来对付后退步子较慢或后场还击能力较差以及急于上网的对手十分有效。但要注意压后场时，无论采用哪种击球法，都必须压得狠、压到底，如果压后场不到位，则易受对手反击导致这种打法失效。

6.3.5 发球抢攻战术

发球抢攻战术是根据对手站位、习惯球路、打法特点、精神和心理状态等情况，采用不同发球法以取得前几拍主动权或攻球得分的打法。一般采用发网前低球结合平快球或平高球，以打乱对手节奏，使对手难以捉摸，措手不及。这种战术用来对付应变能力较差的对手，或实施于比赛关键时刻，往往能取得良好效果。但要注意运用这一战术，必须有高质量的发球作为基础，否则很难奏效。

项目 7

武　　术

学习目标

(1) 掌握中国传统体育项目的健身原则。

(2) 通过学习武术达到提高个人的意志、品质和修养。

技能目标

(1) 能够对常见舞种的抱握姿势做出正确的动作。

(2) 能够熟练展示各种基本功和基本组合。

(3) 增长肌肉力量,增强各关节韧带的柔韧性,提高身体协调和灵活性以及平衡能力。

思政目标

(1) 树立正确的体育观、健康观,培养终身体育的意识。

(2) 热爱传统武术,培养坚韧、顽强、勇于战胜困难的意志品质和良好的武术道德以及团结、协作的精神。

7.1 武术简介

武术是以技击动作为主要内容,以套路、格斗、功法为运动形式,注重内外兼修的中国传统体育项目。在其漫长的发展史中,一直深受我国传统文化的影响。它在形成、内容和方法上,都体现着中国的哲学理念、美学思想、兵法思想、伦理道德等丰富的传统文化。

武术起源于我们远古祖先的生产劳动。由于生存的需要,人类基于本能、自发、随意的身体动作成为搏杀技能,这些技能即是武术产生的源头。武术的发展是随着部落战争和社会政权更迭而发展的,在战争中作为军队训练的手段使其内容进一步丰富与发展,逐渐发展成为内外兼修的武术形式。最早关于武术的记载是殷商时期的"消肿舞"。到秦汉以后盛行角抵、手搏、击剑等。唐代开始实行武举制,用考试的办法选拔武术人才,对武术的发展起到了促进作用。明清时期中华武术得到了大发展,各种流派林立,拳种纷呈,除众多的徒手拳法外,还有丰富多彩的器材套路。如戚继光在《纪效新书》

的“拳经捷要篇”中认为“拳法似无预于大战之技，然活动手足、惯勤肢体，此为初入艺之门也。……大抵拳、棍、刀、枪、叉、钯、剑、戟、弓矢、钩镰、挨牌之类，莫不先由拳法活动身手。其拳也，为武艺之源”。

中华人民共和国成立以后，武术成为社会主义文化和人民体育事业的组成部分，受到了党和国家的高度重视和热情关怀。1956年，中国武术协会在北京成立。1957年，原国家体委组织整理出版了《简化太极拳》和一大批关于长拳、器械、套路的书籍。1958年，原国家体委制定了第一部《武术竞赛规则》。1985年1月，国家体委颁布和实施的《武术运动员技术等级标准》，将运动员分为武英级、一级武士、二级武士、三级武士和武童级五个等级。1989年，武术散手擂台赛被国家体委列为正式竞赛项目。1990年10月，国际武术联合会在北京宣告成立，并于1991年在北京举办了第一届武术锦标赛，以后每两年举办一次。随着武术运动日益被世人所接受。中国功夫在2001—2003年先后与美国的拳击、法国的搏击、泰国的泰拳、日本的空手道等世界搏击运动进行了对抗赛。

武术作为体育运动项目，其动作具有攻防技击性，讲究动作形体规范，又求精气神传意，内外合一的整体运动观。武术的内容和形式丰富多样，开展活动不受时间、季节、场地、器械等因素的限制，具有广泛的适应性。

7.2 武术基本动作

7.2.1 基本手形、手法的练习

1. 拳

四指并拢拳握，拇指紧扣食指和中指的第二指节处(见图7-1)。拳握紧，拳面平，直腕。拳眼向上为立拳，拳心向下为平拳。

2. 掌

四指并拢伸直，拇指弯曲紧扣虎口处或外展成八字掌(见图7-2)。

3. 勾

五指第一指节捏拢在一起，屈腕(见图7-3)。

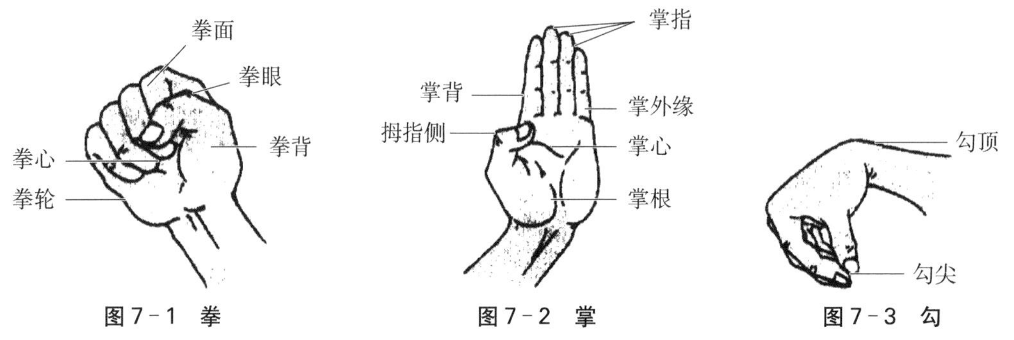

图7-1 拳　　图7-2 掌　　图7-3 勾

7.2.2 五步拳

五步拳包括弓步冲拳、弹踢冲拳、马步架打、歇步冲拳、提膝穿掌、仆步穿掌、虚步挑掌。

1. 预备姿势

并步抱拳(见图7-4)。

2. 弓步冲拳

左脚向左迈出一步成左弓步，同时左手向左平搂后收回腰间抱拳，右拳向前冲拳，目视前方(见图7-5、图7-6)。

3. 弹踢冲拳

右腿向前弹踢，同时左拳由腰间向前冲拳，右拳收回腰间抱拳，目视前方(见图7-7)。

4. 马步架打

右脚落地，左转体90°下蹲成马步，同时左拳变掌，屈臂上架，右拳由腰间向右冲拳，目视右方(见图7-8)。

图7-4 并步抱拳

图7-5 拗弓步冲拳1

图7-6 拗弓步冲拳2

图7-7 弹踢冲拳

图7-8 马步架打

5. 歇步冲拳

左腿后插成右歇步。同时右拳变掌经头上向下盖，掌外沿向前，身体左转90°，左掌回收腰间抱拳，目视右手。紧接着左拳向前冲出，右掌变拳收回腰间，目视左拳(见图7-9、图7-10)。

6. 提膝穿掌

起立，身体左转。随即左拳变掌，手心向下，右拳变掌，手心向上由左手背穿出。同时左腿提膝，左手顺势收至右腋下，目视右手（见图 7－11）。

图 7－9　歇步冲拳 1

图 7－10　歇步冲拳 2

图 7－11　提膝穿掌

7. 仆步穿掌

左脚落地成右仆步，右手指朝前，沿左腿内侧穿出，目视左掌（见图 7－12）。

8. 虚步挑掌

左腿屈膝支撑，右脚上步成右虚步。同时左手向上挑起，向后划弧成勾手，略高于肩；右手由后向下、向前，顺右腿外侧挑掌，与肩同高，目视前方（见图 7－13）。

9. 收势

左脚向右并步，抱拳（见图 7－14）。

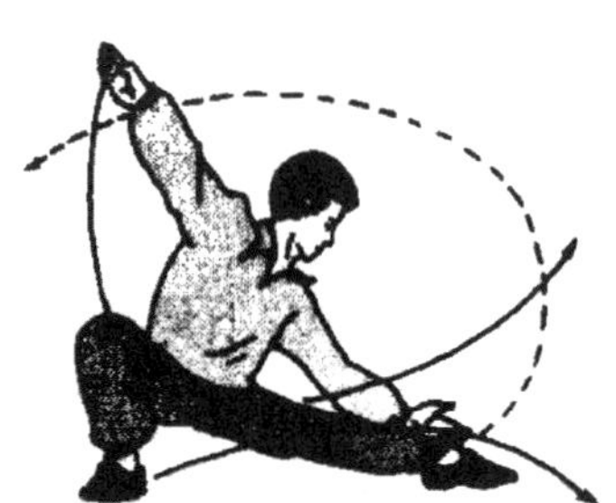

图 7－12　仆步穿掌

图 7－13　虚步挑掌

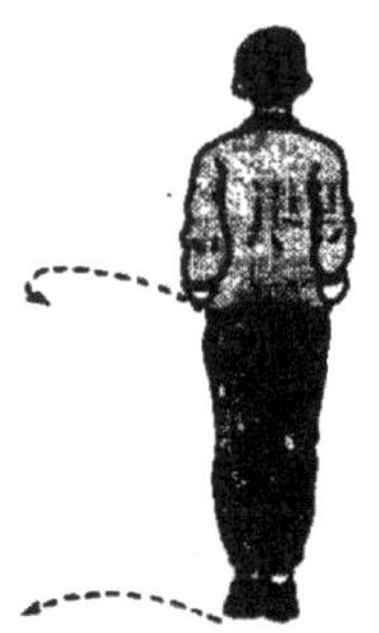

图 7－14　收势

模块 3
健康保健体育

项目 8

二十四式简化太极拳

知识目标

(1) 掌握二十四式简化太极拳动作要领。

(2) 了解太极拳的名称、运动基本要求,提高学生对太极拳的兴趣。

技能目标

通过对二十四式简化太极拳的练习,进一步提高全身的协调配合,更好地促进人体的力量、速度、灵敏、耐力、协调等全面身体素质的发展。

思政目标

(1) 培养谦虚好学、严谨的态度,以及团结协作、开拓创新的学习能力。

(2) 培养崇尚武德、吃苦耐劳、挑战自我、永不服输的精神。

8.1 二十四式简化太极拳运动概述

太极拳是武术的内容之一,它是一种柔和、缓慢、轻灵的拳术。它的动作圆活,并处处带有弧形,绵绵不断如行云流水。

1. 太极拳的运动特点

太极拳运动从外形上看有“松、柔、圆、缓、匀”等特点。其运动特点是心静体松、呼吸自然、轻灵沉着、圆活连贯、上下相随、虚实分明、柔中寓刚、以意导动。

2. 太极拳的基本要点

一是静心用意,呼吸自然。即练拳要求思想安静集中,专心引导动作,呼吸平稳,深匀自然;二是中正安舒,柔和缓慢。即身体舒松自然,不偏不倚,动作轻柔匀缓;三是动作弧形,圆活完整。即动作要呈弧形式螺旋形,转换圆活不滞,以腰为轴,上下相随,周身组成一个整体;四是连贯协调,虚实分明。即动作要连绵不断,衔接如顺,处处分清虚实,重心保持稳定;五是轻灵沉着,刚柔相济。即每一个动作都要轻灵沉着,不浮不躁,外柔内刚,发劲要完整,富有弹性,不可使用拙力。

3. 太极拳的健身作用

练习太极拳时要求“心理安静”“精神集中”“以意识引导动作”，以达到消除人们的紧张与疲劳，使身心得到放松的目的。练习太极拳还可以养成“习静”的习惯，培养人们沉着、耐久、坚毅、机智等优良品质。“气沉丹田”“呼吸深长”等技法，可以增大肺活量，调养气息，达到养生目的。科学研究已经证明，太极拳运动对人体的中枢神经系统、心血管系统、呼吸系统、消化系统、骨骼肌肉等方面都有良好的作用。

4. 练拳须知

(1) 练拳时，应选择空气新鲜、环境幽雅之处，不宜在烈日、强风以及有阴湿霉气的地方练习。

(2) 衣着宜宽松，过饥、过饱、酒后不宜练拳。早起练拳时，应先排清大小便。

(3) 练拳时不要强求动作与呼吸配合，呼吸以自然为准则。

(4) 练拳后不可随即安坐或静坐，也不宜立即进食，出汗后，应避冷风。

8.2 二十四式简化太极拳动作名称

第一组：①起势；②左右野马分鬃；③白鹤亮翅。

第二组：④左右搂膝拗步；⑤手挥琵琶；⑥左右倒卷肱。

第三组：⑦左揽雀尾；⑧右揽雀尾。

第四组：⑨单鞭；⑩云手；⑪单鞭。

第五组：⑫高探马；⑬右蹬脚；⑭双峰贯耳；⑮转身左蹬脚。

第六组：⑯左下势独立；⑰右下势独立。

第七组：⑱左右穿梭；⑲海底针；⑳闪通臂。

第八组：㉑转身搬拦捶；㉒如封似闭；㉓十字手；㉔收势。

8.3 二十四式简化太极拳动作说明

1. 起势

要点：屈膝下蹲，同时力以肩、肘传导下按，手高在腹前，感觉按在漂浮于水上的木板上。(见图 8-1)。

图 8-1 起势

2. 左右野马分鬃

要点：移重心旋臂，重心右移，右手上抬，左手外引，腰略左转，同时进行。此动作应手脚同步完成，不可上下脱节。另注意，左脚处于右脚弓处，后跟微抬。上步前应先转腰，出脚线路略带弧形，眼看左前下方。肩与胯、肘与膝、手与脚外三合垂直一线，步型为顺弓步，两脚间距大约为自己一拳半宽。(见图 8-2)。

图8-2 左右野马分鬃

3. 白鹤亮翅

要点：重心前移，右手向前合抱。右脚跟上抬，准备上步。注意动作中腰为主宰，动作中身体略左转。左脚不要收太近，以腰带动，四脚运转。两脚前后距离约自己一脚长。此动作应在练习中有一个上挑下采之意，眼先看右手，后看左手。呼吸配合是上挑为吸气，下采为呼气。左脚前掌稍调整位置，左脚跟与右脚跟同处中轴线，也可略宽一些，千万不可交叉。整体姿势应舒展大方，中正、大气。头上提领，气沉丹田，定势略停顿半拍(见图 8-3)。

图8-3 白鹤亮翅

4. 左右搂膝拗步

要点：转腰落手，注意右手不可超过身体正中线，应垂直，手带弧形，旋臂下落。右转体，左摆掌。动作中以腰领劲，转体与两掌动作协调进行。收脚与上托手同步完成，上下一致。身体略下沉，是一个蓄势待发的过程。右腿实，左腿虚。右手小指内旋，大拇指在耳侧位，左搂掌在胸腹前，准备弓步搂推。定型动作应有两臂对拉拔长之意，劲贯四肢，有个撑力。前推时小指领劲，定势中指对鼻尖(见图 8-4)。

图8-4 左右搂膝拗步

图 8-5　手挥琵琶

5. 手挥琵琶

要点：此动作要求跟步轻灵，两脚距离约一脚长，转腰展臂应有送肩过程。右脚过渡到全脚着地，支撑重心，身体随之后坐，同时左脚跟微抬。此动应为呼气，坐胯、圆裆。它是第一段最后一动，故在时间上表现应充分一些（见图 8-5）。

6. 左右倒卷肱

要点：撤手应走半圆弧线，经腰际旋腕上托，同时，左掌由俯掌变仰掌，运劲要和顺。收脚过程左脚由脚跟轻提，屈膝内收于右小腿内侧，同时吸气屈肘。撤步与推掌要协调一致，两脚不能交叉，左右脚不能超中线，同时前推呼气（见图 8-6）。

图 8-6　左右倒卷肱

7. 左揽雀尾

要点：转腰摆臂不可太偏左，大约中轴线向左偏 10 cm 为宜，同时胯要内合。下捋劲在手掌和前臂，后坐和下捋应上下一致，右手附在左手臂的肘关节处，两手有一个内合下采劲。此动作为过渡，下肢基本保持不变，靠腰转后捋摆臂。右手应经耳侧在胸前与左手相合，含胸、收腹、松胯、敛臀，并成棚劲。前挤过程配合呼气，重心要沉稳，平行前弓，注意膝与脚尖垂直对齐，另外，肩下沉肘外撑，搭手成圆弧，两手高与胸平。此为过程转换动作，右手经左腕上方平抹前穿。分掌高度同肩高，与肩同宽。并有个外分劲。重心后移，要求松胯，松腰：右膝与脚尖对齐，右腿实，左腿虚，上体垂直，左胯不可有顶劲。此为过渡，要求屈膝肘回收，含胸，双手与胸保持一定距离。双按攻防上有一个后引之意，双手高度在腹前。（见图 8-7）。

8. 右揽雀尾

要点：左右揽尾动作过程中，注意多用腰部；后坐的下捋、下挤、回挤前腿髋关节一定要松开，不可前顶，这就要求有单腿支撑的腿部力量和膝、踝关节的柔韧性。平时，这组动作组合需多抽出来练（见图 8-8）。

9. 单鞭

要点：出脚最佳位置应在身体左转 45°，也就是在东南角方向时迈出。重心还压在右腿，左脚跟先着地；左掌经眼前向左平带。应先全脚掌踏平，而后屈弓推掌，右手与耳同高；右脚后撑，胯内合，并配合呼气（见图 8-9）。

图 8-7　左揽雀尾

图 8-8　右揽雀尾

图 8-9　单鞭

10. 云手

要点：云手上手高在眉、鼻之间，大拇指领劲，食指上挑，成一“V”型，肘部微沉。下手以小指领劲左带过渡至食指。上下手应相对，不可外分，运行过程以腰为中轴。身体继续左转，两掌开始转换，注意动作规格。收右脚与左手下采要同步进行；右脚收要轻起轻落。脚跟提起，前掌着地。两脚距离约 10 cm，并要注意，两膝与脚尖垂直，不能夹裆。动作方向开始转换，但重心要保持平稳。上体以腰为主宰继续右转，两臂弧形云转。翻掌下采与出脚要同步进行，迈腿不可悬空太高，两手上下交替一采一挑，应做到连贯、均匀、和顺（见图 8-10）。

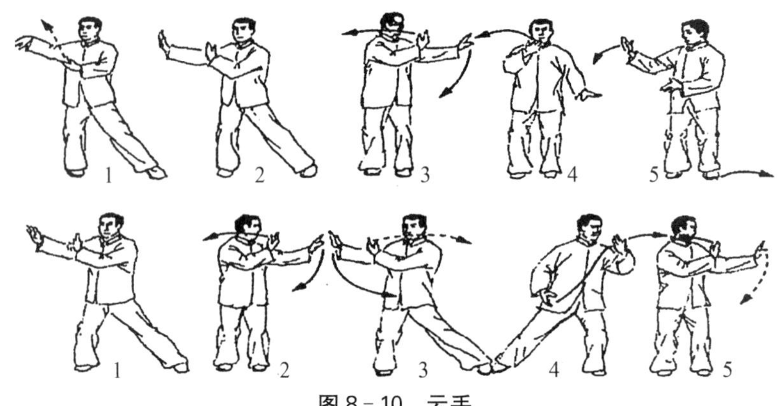

图 8-10　云手

11. 单鞭

要点：与云手连贯衔接，两掌翻转，同时左脚尖点地内收。右脚支撑重心，保持身体中正，同时右掌变成勾手，左脚内收蓄势。右腿支撑催动，腰为主宰，带动左脚上步，同时左掌外展。重心平稳前移至左脚，同时上体左转，右脚跟微抬，将力由下向上转至左掌，催动推掌（见图 8-11）。

图 8-11　单鞭

12. 高探马

要点：前移时，重心高度不变；右腿抬跟、屈膝、收脚，应做得连贯、轻巧，同时，配合吸气。后跟踏实，转腰、翻掌要同步完成，眼看右手。同时，左手掌心翻转向上。此动作为过渡转换，做到转腰、屈肘、转头，并吸气，为下一步做准备。推掌高度同眼平。左手在胸腹之间。推掌与出脚应上下一致，并配合呼气，重心可上提一点。两脚距离约为自己一个拳头宽，不可交叉。眼神要专注、凝聚（见图 8-12）。

图 8-12

13. 右蹬脚

要点：单腿支撑站稳后再出右腿，右腿的高度因人而异，蹬脚力点在脚跟，同时，双手分展也起平衡作用。此时，呼吸上采用“屏气”。左手应高于右手，“外三合”应相对（见图 8－13）。

图 8－13　右蹬脚

14. 双峰贯耳

要点：这是一个容易表现太极特点的合劲动作，故要求手到腿到，弓步过程不能起伏。注意肘要沉，肩要松，双拳与头同宽，膝盖不超脚尖（见图 8－14）。

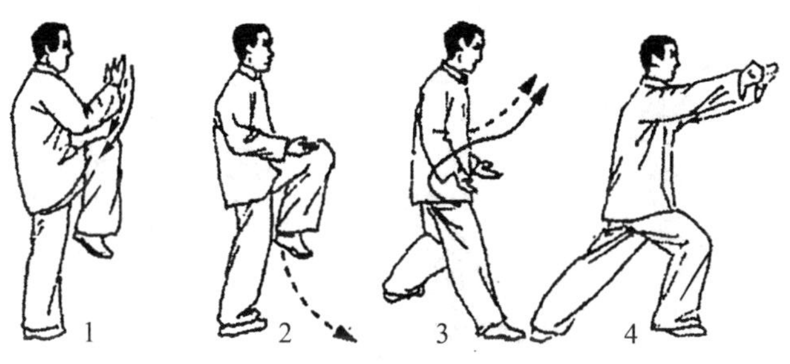

图 8－14　双峰贯耳

15. 转身左蹬脚

要点：左脚以前掌为轴，脚跟内旋，收脚应前脚掌着地，双手合推于胸腹前。提膝气上提，右脚支撑站稳，五指劲外撑，左手在外，双掌交叉合抱于胸前。与右蹬脚相同，蹬脚方向与右蹬脚方向相对称，与中轴线保持 30°斜向（见图 8－15）。

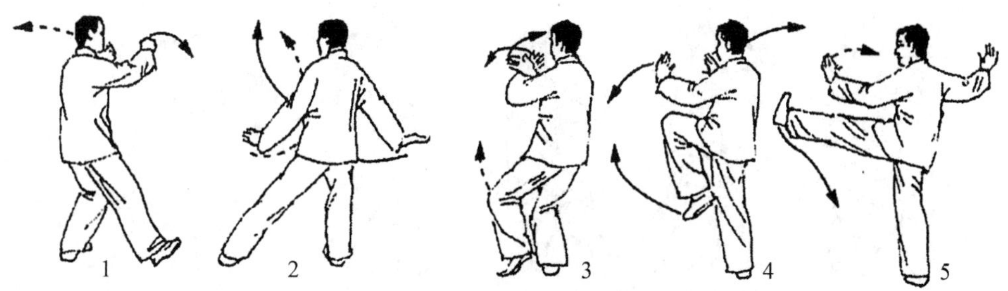

图 8－15　转身左蹬脚

16. 左下势独立

要点：支撑腿左脚外撇45°，便于站稳；头上领、气下沉，右肩与胯、肘与膝、手与鼻上下相合相对，手正身斜，左手按于胯旁，配合吸气（见图8－16）。

图8－16 左下势独立

17. 右下势独立

要点：右脚落在左脚内侧，前脚掌点地；左脚以前掌为轴，脚跟内旋，左手上提变勾手，右手左摆附在左臂中段，要求左转上提、左摆应连贯和顺。右脚沿地面向右侧伸出，重心压于左腿，右脚尖与左脚后跟在同一直线上。右髋关节内合（见图8－17）。

图8－17 右下势独立

18. 左右穿梭

要点：弓步、上架、推掌三者配合要协调一致，记住右手前臂有一旋腕外撑，左手指尖与鼻尖对齐，松腰落胯（见图8－18）。

图8－18 左右穿梭

19. 海底针

要点：提手与提左脚应同步自然，左手有一个搂膝动作，右手高度在耳旁，此为吸气动作。前倾角度不超过45°，身型为松腰、敛臀、坐胯（见图8－19）。

20. 闪通臂

要点：上身直立，右手后带并收左脚，置于右脚内侧（脚尖不点地），重心高度不变。出脚要轻，重心还在右腿上。推掌与前弓腿应上下一致；右胯不可外翻。左手与鼻尖对齐，此为顺弓步，两脚距离不可过宽（见图8－20）。

图8－19　海底针　　图8－20　闪通臂

21. 转身搬拦捶

要点：右拳翻转，拳心朝上，收于腰间；左脚经右脚内侧，向前上步，脚跟着地，注意松腰，落胯，并吸气，眼视手尖。前弓冲拳应上下一致，打拳过程有一个旋腕转臂，左手附在右前臂，此为呼气。另后脚要外撑，冲拳才会实（见图8－21）。

图8－21　转身搬拦捶

22. 如封似闭

要点：左手内旋前穿，右拳同时变掌，手心向内。屈膝后坐，膝与脚尖应垂直一线：双手引收应有外分、引带之意，并与肩同宽，掌心斜相对。此为过渡动作，双手走外旋前推、合按。劲在掌根，前推时，应有别于“揽雀尾”的按，前者为宽度不变，由下往上；后者是分与按，宽度有变（见图8－22）。

23. 十字手

要点：此为过渡动作。注意后坐时，肩带肘、手，节节贯穿。后腿要压住重心。扣脚、转体、摆掌三位一体要协调统一；另左脚应尽量扣到位，与右脚平行。撇右脚，分右手应一致。注意：左胯不能敞裆（见图8－23）。

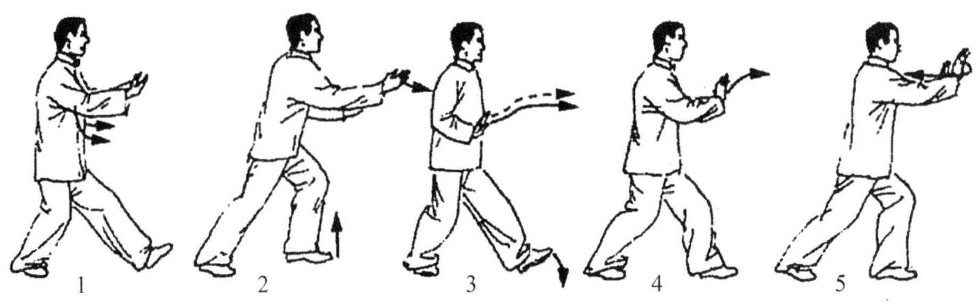

图 8－22　如封似闭

图 8－23　十字手

24. 收势

要点：两掌内旋外分，与肩同宽，并配合呼气。两臂徐徐下按，应为肩带肘，肘带手，三个关节贯串、相连。两手中指节贴附大腿两侧。两掌内旋下垂于体侧，澄心静气，保持中正。收势时，头上领，收下颌，并步时应注意点起、点落、轻灵、均匀。同时要呼气，静立片刻(见图 8－24)。

图 8－24　收势

项目 9

太　极　扇

知识目标

（1）了解太极扇的动作及特点。

（2）了解太极扇的基本知识。

技能目标

（1）掌握太极扇的动作名称及要领，并能连贯的完成太极扇整套动作。

（2）掌握太极扇的路线特点，控制身体协调。

思政目标

（1）培养谦虚好学、严谨的态度，以及团结协作、开拓创新的学习能力。

（2）培养崇尚武德、吃苦耐劳、挑战自我、永不服输的精神。

9.1　太极扇概述

1. 扇器介绍

竹子扇骨的太极扇由 13 根竹子组成，竹子经过打磨、喷漆处理比较光滑，开合容易，响度大！不锈钢扇骨的太极扇扇骨薄，使用者会感觉到磨手，适合训练者使用，重量可达 300 g，初学者不易使用。

2. 太极扇的运动特点

太极扇的运动特点和太极拳基本相通，动作柔和、缓慢轻灵，姿势舒展大气，劲力刚柔相济。练功扇舞动起来吞吐自如，轻快潇洒。虽然太极扇招数不同，各式太极扇的内容风格也不一样，但运动特点都一样，具体动作如下：

（1）轻灵沉着、刚柔相济。太极扇要求迈步如猫行，运劲如抽丝，在意念的引导下强调劲力的内在表现，含而不露、柔中寓刚、刚柔相济、轻灵沉稳。一些太极扇有明显的发劲、加速和跳跃动作，如陈式太极扇中动作均为发力动作，动作要刚中有柔，腰腿发力，转接柔顺，从而避免生硬的拙力。

(2) 连贯圆活、连绵不断。太极扇的动作连续柔缓,节奏平稳,运转圆活,动静相合。其风格动静分明、节奏强烈,这与其他武术动作的阳刚之美迥然不同。

(3) 扇法清楚、扇身协调。太极扇与其他扇法相同,要求扇法清楚、力点准确、动作规范,要准确地表现出各种扇法的含义。不仅如此,它还要求具备姿势优美、潇洒飘逸、蓄发相间、灵活多变的特色。在演练中做到身与扇合,扇与神合,从而使精神、身体与各种扇法协调一致,体现"物我相合、天人合一"的道法真谛。

(4) 神舒体静、内外相合。太极扇具有心静体松、神态自然、一意运身、重意不重力的特点。在姿势形态上要求立身中正安舒、头悬颈项、沉肩坠肘、含胸拔背、松腰敛臀。动作中要求意念引导、精神集中、动中求静、气沉丹田、呼吸自然,并与动作相配合。

3. 太极扇的好处

(1) 改善身体机能状况。太极扇的许多动作对人的呼吸系统要求较高,运动中的快节奏、大负荷的有氧代谢过程能刺激内脏器官运动,通过长期坚持锻炼,能使人的氧气摄入量增大、呼吸加深,次数减少,呼吸肌力量增强进而提高呼吸系统的功能。

(2) 改善精神面貌。培养自信心,太极扇是一项表演性很强的运动项目,应具有强烈的表现意识。因此,自信心就显得十分重要,树立信心、敢于挑战,发自内心的激情,才能使动作更具有强大的感染力。

(3) 激发表现力。太极扇运动有助于激发运动兴趣,创造展现自我的平台。通过优美的形体姿态充分表现个人的运动激情和活力,实现良好的情绪控制,提高表现自我的能力。

(4) 提高人的平衡能力,防止骨质疏松。

(5) 具有健美作用。在身体体形方面,身高、体重、臀围无显著性变化,但腰围明显减小,说明体内脂肪量减少。尤其对女性来说,不会变得腿粗。

9.2 太极扇扇谱

第一段

①起势(开步抱扇);②斜飞势(侧弓步举扇);③白鹤亮翅(虚步亮扇);④黄蜂入洞(进步刺扇);⑤哪吒探海(转身下刺扇);⑥金鸡独立(独立撩扇);⑦力劈华山(翻身劈扇);⑧灵猫捕蝶(转身抡压扇);⑨坐马观花(马步亮扇)。

第二段

⑩野马分鬃(弓步削扇);⑪雏燕凌空(并步亮扇);⑫黄蜂入洞(进步刺扇);⑬猛虎扑食(震脚推扇);⑭螳螂捕蝉(戳脚撩扇);⑮勒马回头(盖步按扇);⑯鹞子翻身(翻身藏扇);⑰坐马观花(马步亮扇)。

第三段

⑱举鼎推山(马步推扇);⑲神龙回首(转身刺扇);⑳神鞭策马(叉步反撩扇);㉑立马扬鞭(点部撩扇);㉒怀中抱月(歇步亮扇);㉓迎风撩衣(并步贯扇);㉔翻花舞袖(云手劈扇);㉕霸王扬旗(歇步亮扇);㉖抱扇过门(开步抱扇)。

第四段(同第二段)

㉗野马分鬃(弓步削扇);㉘雏燕凌空(并步亮扇);㉙黄蜂入洞(进步刺扇);㉚猛虎扑食(震脚推扇);㉛螳螂捕蝉(戳脚撩扇);㉜勒马回头(盖步按扇);㉝鹞子翻身(翻身藏扇);㉞坐马观花(马步亮扇)。

第五段

㉟顺鸾肘(马步顶肘);㊱裹鞭炮(马步翻砸);㊲前招势(虚步拨扇);㊳双震脚(震脚拍扇);㊴龙虎相交(蹬脚推扇);㊵玉女穿梭(望月亮扇);㊶天女散花(云扇合抱);㊷霸王扬旗(歇步亮扇);㊸行步过门(托扇行步)。

第六段

㊹七星手(虚步掤扇);㊺揽扎衣(弓步掤扇);㊻胯挤势(后胯前挤);㊼苏秦背剑(并步背扇);㊽搂膝拗步(弓步戳扇);㊾单鞭下势(仆步穿扇);㊿挽弓射虎(弓步架打);51白鹤亮翅(虚步亮扇);52收势(抱扇还原)。

9.3 太极扇基本功法

第一段

预备 身体自然直立,面向南。右手持扇。

(1) 起势:左脚开步,两手平举抱扇,与肩同高(见图9-1)。

图9-1 预备式、起势

(2) 斜飞势:①提脚抱手;②向右开步合臂;③侧弓步举扇。两腿东西方向成侧弓步,右手举于头右侧前方,高于头,手心向上,上体稍右倾,头转看左前方(见图9-2)。

(3) 白鹤亮翅:①向左转腰摆扇;②向右转腰穿掌;③虚步亮掌。方向向南,右手抖腕开扇,举于头的右侧前上方(见图9-3)。

(4) 黄蜂入洞:①抖腕合扇;②摆扇提脚;③转身上步;④弓步前刺,手心向上,与胸同高,方向正东(见图9-4)。

(5) 哪吒探海:①后坐收扇;②提脚转身;③弓步下刺。方向东南,扇与小腹同高,手心朝上,上体略向前倾(见图9-5)。

图 9-2　斜飞势

图 9-3　白鹤亮翅

图9-4 黄蜂入洞

图9-5 哪吒探海

(6) 金鸡独立：①收脚绕扇；②上步绕扇；③独立撩扇。(见图 9－6)

图 9－6 金鸡独立

(7) 力劈华山：①落脚合扇；②盖步按扇；③转身抡举扇；④弓步劈扇。(转动一周以后，仍然向东方劈出去，右手与肩同高)

(8) 灵猫捕蝶：①转身摆掌，朝向正西；②上步翻腰抡扇，挺胸展腹，两臂抡摆开；③转身退步压扇，身体前倾，左手向后反举，右手向前下压；④翻手再压扇。

(9) 坐马观花：①虚步合扇；②退步抡举扇；③转身后穿扇；④马步横提。(手心向上，停在右膝的上方，扇面朝向西南)

第二段

(10) 野马分鬃：①转腰合臂；②转身弓步削扇，方向正西。

(11) 雏燕凌空：①转腰穿掌；②并步转腰反头亮扇，身体朝向正西。

(12) 黄蜂入洞：①收扇转身上步；②弓步刺扇，方向正东。

(13) 猛虎扑食：①振脚收扇；②弓步推扇。

(14) 螳螂捕蝉：①转身绕扇；②搓脚镣扇；身体略向前倾，两个扇股和右腿平行，斜向 15°。

(15) 勒马回头：①合扇转身；②盖步按扇。

(16) 鹞子翻身：①翻身抡举扇；②旋腕腕花；③退步藏扇。

(17) 坐马观花：①抡扇后穿掌；②回身后穿扇；③马步横劈扇，扇面朝向西南。

第三段

(18) 举鼎推山：①转腰收扇；②马步推扇，推扇方向正西，右手与肩同高。

(19) 神龙回首：①转身收扇；②弓步扎扇，两个手互相护抱，虎口朝前，方向转向东。

(20) 挥鞭策马：①转腰撤脚绕扇；②上步撩扇；③叉步反撩扇，右腿曲弓脚尖外摆，左腿叉步向东，右臂内旋后撩，上体右转扭腰转头向后看。

(21) 立马扬鞭：①转身挑扇；②高虚步推掌；左掌侧立掌前推。

(22) 怀中抱月：左脚外撇，右手抱到腹前，左手合在右腕的内侧。

(23) 迎风撩衣：①开步合扇；②并步贯扇，挺胸收腹，扭腰转头。

(24) 翻花舞袖：①转腰穿掌；②扬身云扇穿掌；③侧弓步劈扇。

(25) 霸王扬旗：①转腰摆扇；②歇步云扇，两腿曲蹲成歇步，上体朝向东南，眼向正东平视。

(26) 抱扇过门：①开步抱扇。双手于腹前，扇面贴于胸前。朝向正南；②合扇前抱，和起势动作相同。

第四段

(27) 野马分鬃：①转腰合臂；②弓步削扇。

(28) 雏燕凌空：①扣脚转腰穿掌；②并步亮扇，扭腰甩头向东看。

(29) 黄蜂入洞：①收脚上步；②弓步削扇，方向正东。

(30) 猛虎扑食：①振脚收扇；②弓步前推扇。

(31) 螳螂捕蝉：①转腰绕扇；②搓脚镣扇。

(32) 勒马回头：①合扇转身；②盖步按扇。

(33) 鹞子翻身：①翻身抡举扇；②旋腕腕花扇；③退步藏扇推掌。

(34) 坐马观花：①抡扇后举扇；②回身后穿扇；③马步横击扇，马步朝南，扇面朝向西南。

第五段

(35) 顺鸾肘：①马步合扇，朝向正南；②马步顶肘，以肘尖为力点，两臂同时屈肘向后，发力顶撞，拳心向下，眼转看右侧。

(36) 裹鞭炮：①转腰叠臂，左拳在上；②抡摆叠臂右拳在上；③马步翻砸拳，两拳抖弹发力，以拳背为力点，向左右翻砸。

(37) 前招势：①转腰摆掌；②虚步拨扇，转向正东，右手停在右膝的上方，掌心向左。

(38) 双振脚：①曲蹲分手；②蹬跳脱扇；③振脚劈扇，两个脚先后依次踏立。两手同时前劈，掌心向下。

(39) 龙虎相交：①提膝收扇；②蹬脚前推扇。

(40) 玉女穿梭：①落脚合手；②叉步展臂，头转向正西，看右手的扇。③后举腿亮扇，右腿屈膝后举，脚面展平，扭腰转头，上体成反弓形。

(41) 天女散花：①开步抱扇；②仰身云扇；③叉步抱扇，扇体方向朝南。

(42) 霸王扬旗：①开步展臂；②歇步亮扇，扇体朝东南，头转看正东，

(43) 行步过门：①转身穿扇，方向正北；②叉步，抱扇向前上步，向右，扭腰转头成叉步，③抱扇行步，一共走五步，路线转成一个半圆形；④转身抱扇，向右后转，转向正南方

向；⑤合扇展臂两手侧平举，手心朝下，

第六段

（44）七星手：①两臂前平举；②屈膝下按，虚步倗扇，扇面展开，斜向上方，与胸同高。

（45）揽雀尾：①提脚抱手；②转身上步；③弓步向前倗扇，方向正西，扇面仍然是斜向上。

（46）捋挤势：①合手翻扇；②坐腿后捋；③转身搭手；④弓步前挤。左手掌指付在右腕内侧。挤到胸前。

（47）苏秦背剑：①后坐摆扇，向右划一个平弧；②转腰推扇，朝向正南；③并步背扇，推掌，扇面贴到背后。

（48）搂膝拗步：①转腰摆扇；②曲蹲合扇；③转身上步；④弓步戳扇，以扇根为力点，向前戳打，方向正东。

（49）单鞭下势：①转身活步勾手；②仆步穿扇，开扇，右手沿着右腿向西穿出去，到踝关节内侧的时候抖腕开扇。

（50）弯弓射虎：①弓腿举扇；②转腰摆扇；③架扇冲拳，右手举扇，在头侧上方，左手握拳向正南冲打，拳心斜向下。

（51）白鹤亮翅：①转腰摆扇；②合扇分掌；③虚步亮扇，转向正南。

（52）收势还原：①抖腕合扇；②收脚侧平举；③并步前抱扇；④垂手还原。

项目 10

八　段　锦

知识目标

(1) 了解八段锦的动作方法、动作要点、功理特点。
(2) 通过学习激发学生学习八段锦的养生兴趣。

技能目标

(1) 掌握八段锦养生的动作要领及方法,能熟练完成八段锦整套动作。
(2) 通过学习掌握科学的养生锻炼方法,并应用到日常生活中。

思政目标

培养学生对中华导引养生功的兴趣,激发学生的民族自豪感。

10.1　八段锦概述

八段锦是我国古代的一套保健体操,有人考证,流传至今已有800多年。八段锦是在立位或屈膝成马步姿势下进行操练的。以上肢运动为主,有个别躯干运动和头颈运动。它的特点是能加强臂力和下肢力量,发展胸部肌肉,并有助于防治脊柱后突和圆背等不良姿势。八段锦的练法分为用力和不用力两种,不用力的练法较适宜于老年人。

八段锦的特点是柔和缓慢,圆活连贯;松紧结合,动静相兼;神与形结合,气韵其中。

10.2　八段锦功法口诀

双手托天理三焦,左右开弓似射雕。
调理脾胃须单举,五劳七伤向后瞧。
摇头摆尾去心火,两手攀足固肾腰。
攥拳怒目增气力,背后七颠百病消。

10.3 八段锦动作方法及功效

1. 双手托天理三焦

预备姿势：两足分开平行站，横步要与肩同宽，头正身直腰松腹，两膝微屈对足尖，双臂松沉掌下按，手指伸直要自然，凝神调息垂双目，静默呼吸守丹田。

口诀：

十字交叉小腹前，翻掌向上意托天；左右分掌拨云式，双手捧抱式还原；

式随气走要缓慢，一呼一吸一周旋；呼气尽时停片刻，随气而成要自然。

动作：

(1) 两臂徐徐自下而上从两侧向上高举，两手十指相组；翻掌，掌心朝上，两掌用力上托，两脚跟尽量向上提起(见图 10-1)。

(2) 两臂放下还原，同时两脚跟着地。重复 10～20 次。上托时深吸气，还原时深呼气。

功效：使三焦通畅，和脾胃，宣肺气，可治胸闷、腹胀、食欲不振等。

图 10-1 双手托天理三焦

2. 左右开弓似射雕

口诀：

马步下蹲要稳健，双手交叉左胸前；左推右拉似射箭，左手食指指朝天；

势随腰转换右式，双手交叉右胸前；右推左拉眼观指，双手收回式还原。

动作：

(1) 左脚向左跨出一步成骑马式。两臂在胸前交叉，右臂在外，左臂在内，眼看左手。然后右手握拳，食指翘起向上，拇指伸直与食指成八字撑开。接着左臂向左推出并伸直，头随而左转，眼看左手食指，同时右手握拳，展臂向右平拉如拉弓状(见图 10-2)。

(2) 左拳五指张开，从左侧收回到胸前，同时右拳五指也张开，从右侧收回胸前，两臂十字交叉，左臂在外，右臂在内，头向右转，眼看右手。

(3) 右臂向右推出并伸直，其他动作同(1)，只是方向相反。左右各做5～10次。展臂拉弓时吸气，还原时呼气。

功效：扩胸宣肺气，通利关节，强健下肢。对慢性肺部疾病、肩周炎、下肢无力有一定防治作用。

图10－2 左右开弓似射雕

3. 调理脾胃须单举

口诀：

双手重叠掌朝天，右上左下臂捧圆；右掌旋臂托天去，左掌翻转至脾关；

双掌均沿胃经走，换臂托按一循环；呼尽吸足勿用力，收式双掌回丹田。

动作：

(1) 右手翻掌上举，五指并紧，掌心向上，指尖向左，同时抬头，眼看右手，左手下按，掌心向下，指尖向前(见图10－3)。

(2) 还原。

(3) 左手翻掌上举其他动作相同。

(4) 还原。左右各做5～10次，上举下按时吸气，复原时呼气。

功效：调理脾胃，消食去积，疏通肩背经络。

图10－3 调理脾胃须单举

4. 五劳七伤向后瞧

口诀：

双掌捧抱似托盘，翻掌封按臂内旋；头应随手向左转，引气向下至涌泉；
呼气尽时平松静，双臂收回掌朝天；继续运转成右式，收式提气回丹田。

动作：

(1) 头慢慢向左转，眼望后方(见图 10-4)。

(2) 还原。

(3) 头慢慢向右转，眼望后方。

(4) 还原。左右各做 5～10 次，向后望时吸气，复原时呼气。

功效：清肺气，提精神，利颈椎，适于颈椎病患者锻炼。

图 10-4　五劳七伤向后瞧

5. 摇头摆尾去心火

口诀：

马步扑步可自选，双掌扶于膝上边；头随呼气宜向左，双目却看右足尖；
吸气还原接右式，摇头斜看左足尖；如此往返随气练，气不可浮意要专。

动作：

(1) 上体及头前俯深屈，随即在左前方向至左后方尽量作弧形旋转，同时臂部则相应右摆，右腿及左臂适当伸展(见图 10-5)。

图 10-5　摇头摆尾去心火

(2) 还原。

(3) 重复(1)动作，但方向相反。

(4) 还原。左右各做 5～10 次。头左前(或右前)摇转时吸气，还原时呼气。

功效：强壮肩、臂、腰、背肌肉，通其经络。

6. 两手攀足固肾腰

口诀：

两足横开一步宽，两手平扶小腹前，平分左右向后转，吸气藏腰撑腰间；

式随气走定深浅，呼气弯腰盘足圆，手势引导勿用力，松腰收腹守涌泉。

动作：

(1) 上体缓缓向前深屈，膝保持挺直，同时两臂垂下，两手握住两足尖或足踝，头略抬起(见图 10－6)。

(2) 还原。

(3) 两手在背后抵住脊骨，上体缓缓向后仰。

(4) 还原。重复 10～20 次。

功效：固肾、养精、壮腰膝。

图 10－6　两手攀足固肾腰

7. 攥拳怒目增气力

口诀：

马步下蹲眼睁圆，双拳束抱在胸前，拳引内气随腰转，前打后拉两臂旋；

吸气收回呼气放，左右轮换眼看拳，两拳收回胸前抱，收脚按掌式还原。

动作：

(1) 右拳向前击出，臂伸直，拳与肩平，拳心向下，两眼睁大，向前虎视(见图 10－7)。

(2) 还原。

(3) 与(1)动作相同，但改为左拳击出。

(4) 还原。

如此重复 10～20 次。拳向前击出时呼气，回收还原时吸气。

功效：增强全身气力，强壮手臂、肩、背、胸、腹部肌肉。

图 10－7　攥拳怒目增气力

8. 背后七颠百病消

口诀：

两腿并立撇足尖，足尖用力足跟悬，呼气上顶手下按，落足呼气一周天；

如此反复共七遍，全身气走回丹田，全身放松做颠抖，自然呼吸态怡然。

动作：

(1) 脚跟提起，同时头向上顶(见图 10－8)。

(2) 脚跟放下着地复原。重复做 20～30 次，脚跟提起时吸气，放落时呼气。

功效：强颈、项、腰、膝筋及肌肉，疏通全身经络。

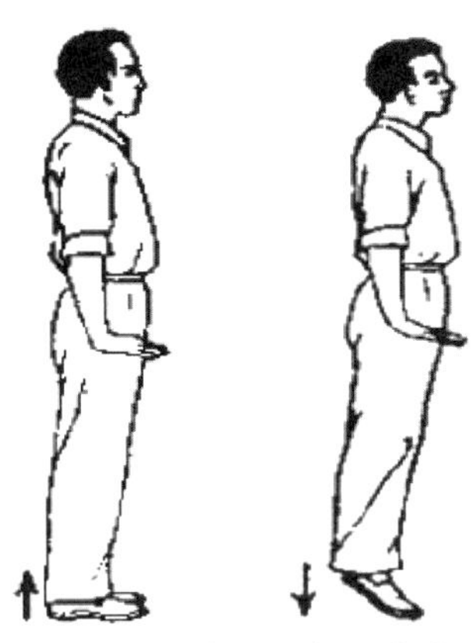

图 10－8　背后七颠百病消

项目 11

医护礼仪广播体操

知识目标

(1) 了解医护礼仪广播体操的基本概念和基本价值。
(2) 掌握医护礼仪广播体操的组合动作。

技能目标

(1) 能够根据医护礼仪广播体操的基本术语做出各种动作。
(2) 能够熟练展示医护礼仪广播体操的组合动作。
(3) 能够有效地促进正确的生长发育,促进健康,增强体质。

思政目标

(1) 树立正确的体育观、健康观,培养终身体育的意识。
(2) 塑造健康优美的外部形象,提高综合素质。

11.1 医护礼仪广播体操概述

我国自古就是礼仪之邦,礼仪文化是中华民族几千年灿烂辉煌传统文化的重要组成部分。学礼仪、讲礼仪一直是我们中国人民优秀的文化基因,也是先人留给我们的一批宝贵财富。随着当今社会经济的不断发展,各行业间的交流日益增多,人们之间的交往越来越广泛、频繁,所以讲礼节,重仪表,越来越受到人们的重视,成为各行业打造自身品牌的有效手段。学习礼仪体操无疑是培养良好礼仪行为的有效手段,礼仪体操可以将一些礼仪行为通过体操动作的形式展现出来,通过练习养成一种动作与行为的习惯。为了加强医卫专业学生礼仪培养,本书将医护服务礼仪与广播体操加以融合,提炼形成了两套医护礼仪广播体操,旨在通过"医护礼仪广播体操"课程的学习塑造医卫类专业学生的天使礼仪形象,弘扬救死扶伤的精神文化,展现白衣天使的内在心灵美。同时提高医护人员的身体素质,达到健身美体的目的。

1. 医护礼仪广播体操产生的背景

广播体操是一种徒手操，不受场地、时间的限制，可随时根据口令节奏有序的对身体各个部位进行锻炼。自 1951 年第一套广播体操公布至今日，中国已经先后颁布九套大众广播体操。在大众广播体操推行的同时，为适应现如今职业特色，促进各行各业的从业者锻炼身体，全面贯彻全民健身计划，各地各部门单位根据自身特点着力开发适合本职业特色的工间操并进行推广，取得了良好反响。目前，医护工作者一直奋斗在救死扶伤的前线为广大人民的健康而辛勤工作，而忽略了自身的锻炼。为促使广大医护工作者能随时有效地进行身体锻炼，医护礼仪广播体操应运而生。

2. 医护礼仪广播体操的内涵

医护礼仪广播体操是在原大众广播体操的基础上拓展到医护工作、礼仪及实操内容的广播体操。其特点是以广播体操为基础，将医护工作者日常生活中的礼仪及实际工作手段贯穿其中，学习和掌握医护工作者的日常行为规范及礼仪的相关知识，提高协调能力，增强医护工作者的自我锻炼意识。

3. 医护礼仪广播体操的价值

(1) 增强身体素质。为医护工作者量身打造的一款特色广播体操，满足医护工作者锻炼身体的需要。

(2) 增强职业素质。把医护工作中的实际操作及文明礼仪动作归纳于本套广播体操中，有助于增强医护工作者的职业素养。

(3) 终身锻炼。本套广播体操的内容与生活、工作、礼仪、休闲密切相关，可为终身体育奠定基础。

11.2　第一套医护礼仪广播体操组合动作

1. 预备节：站走优雅

(1) 第 1 个八拍(见图 11－1)：

1 拍：头正颈直，下颌微收，两肩下沉，双臂自然放松下垂，挺胸收腹，提臀立腰，双脚跟靠紧，脚尖成小八字，手掌紧贴体侧，面带微笑，双目平视前方。

2 拍：双手体前相叠，拇指相扣，右手在上，呈标准站姿。

3～4 拍：上体前倾 30°，腰部直立，鞠躬一次。

5～6 拍：上体还原成直立。

7～8 拍：还原成基本站姿。

(2) 第 2 个八拍(见图 11－2)：

1～6 拍：原地踏步 6 次，每拍 1 次。

7～8 拍：双手体前相叠，呈标准站姿。

图 11－1　第 1 个八拍

图 11－2　第 2 个八拍

动作要领：该节包含练习鞠躬、站姿和走姿。

基本站姿："站如松"，站立时做到挺拔，端庄。头正颈直，下颌微收，两肩外展、下沉，初次训练的学生可以做一下扩胸运动，当两肩扩展到最大时，肩膀随手臂自然下落，同时挺胸收腹，提臀立腰，双腿并拢，双脚跟靠紧，脚尖自然分开，使重心落于两脚掌中间，双臂自然放松下垂，双手自然弯曲，虎口朝前，表情平和，面带微笑，双目平视前方，目光柔和。

鞠躬礼：在身体呈基本站姿的基础上，以腰部为轴，上体前倾 15°～30°。前倾过程中，肩部和腰部呈直线，不可弯腰驼背，双手随身体前倾自然下滑，目光向下注视。身前离地面约 1.5 m，面带微笑，配合"您好""非常感谢"等礼貌用语。

行走：原地踏步动作。"行如风"，在行走时轻盈、迅捷。头正肩平，挺胸收腹，双臂在体侧自然摆动，重心随两腿前行而前移，行走足迹应在一条直线上。精神饱满，面容平和，双目平视前方。步幅 30～50 cm，步速约 2 步/s。

2. 第一节：肩颈运动——仰望星空

(1) 第 1 个八拍(见图 11－3)：

1～2 拍：双臂前屈，在胸前托掌，掌跟并拢，五指并拢微屈，呈莲花状。

3～4 拍：双手托举至前额，距额头 10 cm。

5～6 拍：双臂张开，至侧上举，头上抬 45°。

7～8 拍：还原成基本站姿。

图 11－3　第 1 个八拍

(2) 第 2 个八拍(见图 11－4)：

1～2 拍：左脚向左横跨出一步，与肩同宽。双臂侧上举，抬头挺胸。

3～4 拍：右脚并于左脚，双臂胸前曲肘，小臂与地面垂直，两臂与肩同宽，掌心相对，眼睛正视前方，指尖位于眼睛下方。

5～6 拍：右脚向右横跨一步，与肩同宽，双臂成侧平举。

7～8 拍：收回左脚，成基本站姿。

图 11－4　第 2 个八拍

(3) 第 3、4 个八拍：

第 3、4 个八拍与第 1、2 个八拍动作相同，方向相反。

动作要领：该节包含活动肩颈、穿脱隔离衣动作。

穿脱隔离衣：第 2～4 个八拍动作。穿脱隔离衣时保持头正身直，双手保持放于肩膀以下、腰以上，两侧腋中线中间位置的身体前方。

3. 第二节：扩胸运动——爱的奉献

(1) 第 1 个八拍(见图 11－5)：

1～2 拍：左脚向前迈一步，身体重心移至左腿，右脚尖点地，双膝挺直。同时，双臂打开成侧平举，掌心朝前。

3～4 拍：左脚收回同时踮起双脚。双臂微屈前平举，五指并拢微屈，两指尖相距 10 cm。

5～6 拍：脚后跟着地。两手放至左胯前，做心型手势。

7～8 拍：还原成基本站姿。

图 11－5　第 1 个八拍

(2) 第 2 个八拍(见图 11－6)：

1 拍：左脚向左侧跨出一步，成左弓步。双臂扩胸成侧平举，掌心向前。

2 拍：左脚收回并拢右脚。双臂成前平举，掌心朝下。

3 拍：屈膝半蹲。右臂屈肘扩胸，上体右转，扩胸展肩。

4 拍：还原成第 2 拍动作。

5～6 拍：以右脚跟为轴，左脚尖着地，身体向右转 90°，双臂成侧平举，掌心朝下。

7～8 拍：左脚收回，成基本站姿。

(3) 第 3、4 个八拍：

第 3、4 个八拍与第 1、2 个八拍动作相同，方向相反。

动作要领：该节包含医护人员的爱心和拥抱。

爱心：人之初，性本善。每一个人都拥有一颗爱心，有了爱心还要有耐心，才能把爱心传播给社会，帮助更多人从善，促进社会健康发展。作为医卫工作者，从教科书上的“护士守则”到临床护理的真实场景，每一天面对每一个病人，都必须保持一颗真诚的爱心，不厌其烦地完成各项治疗与护理工作。爱心是各种问题和矛盾的调和剂、融化剂，耐心是处理琐碎事务的利器。有了爱心和耐心，我们就能克服困难，化解矛盾，履行使命，与病人及其他人和谐相处，做生活的主人，忘我工作，满怀热情地为病人服务——为全人类健康服务，无怨无悔。

图 11-6　第 2 个八拍

4. 第三节：体转运动——微笑迎宾

（1）第 1 个八拍（见图 11-7）：

1～2 拍：右脚向后移成丁字步。上体向左转 45°，左臂向左下方伸出，肘关节微屈，掌心朝上，右手放于后背，眼看左手掌，面带微笑。

3～4 拍：上体转回正前方，双手相握，放在腹前，拇指相扣，右手在左手背上，腕关节上抬。成沟通站姿。

5～6 拍：上体向右转 45°，右臂向右上方伸出，肘关节微屈，掌心朝上，眼看右手掌，左手放于后背。

7～8 拍：成沟通站姿。

（2）第 2 个八拍（见图 11-8）：

1～2 拍：手上动作不变，向左转。

3～4 拍：右手伸出，身体向前倾斜 30°，目视前方，成握手姿势。

5～6 拍：收回右手，放置腹前，身体立直。

7～8 拍：向右转，成基本站姿。

图 11－7 第 1 个八拍

图 11－8 第 2 个八拍

(3) 第 3、4 个八拍：

第 3、4 个八拍与第 1、2 个八拍动作相同，方向相反。

动作要领：该节包含握手、指路动作。

近距离提示：1～2 拍动作。上臂贴近身体，手指和前臂成一直线，掌心朝上，手指延长线指向目标物体，如座椅等。

沟通站姿：3～4 拍动作。沟通站姿头部和身体同基本站姿，双脚可同基本站姿，也可呈"丁"字形重心落于前脚，右手在腹前轻握左手，四指自然弯曲，手腕微微上扬，大家不要轻视手腕这小小的变化，护士柔美与坚韧的有机结合就体现在这里。

原地指路：5～6 拍动作。护士在沟通站姿的基础上一只手自然放回于体侧，另一只手从体侧抬起，手心向上，手臂形成自然的弧度，手指并拢，使手臂的延长线指向患者需要前行的方向，头部微侧目光注视手指的前方，同时伴随有"您好，请往这边走"等用语。

握手礼：第 2 个八拍 3～4 拍动作。握手是当今世界上最为通用的见面、告别、祝贺、安慰等情感的礼节表达，通过握手可以给对方带来信心和力量。握手时应注意双手卫生，双方距离应在 0.75～1 m 左右，身体微前倾，面带笑容，注视对方的眼睛，握手时应掌握好时间，约 2～3 s。

5. 第四节：体侧运动——修身立节

(1) 第 1 个八拍(见图 11－9)：

1～2 拍：左腿向左侧伸出，脚尖点地，脚背朝前，重心移至右脚。上体左侧屈 45°，双手放于后背。转头面向右前上方。

3～4 拍：收回左腿，直立，手上动作不变。

5～6 拍与 1～2 拍动作相同，方向相反。

7～8 拍同 3～4 拍。

图 11－9　第 1 个八拍

(2) 第 2 个八拍(见图 11－10)：

1～2 拍：左腿侧伸，脚尖点地，脚背朝前，重心移至左脚。左手放于后背，右臂经体侧摆至上举，贴耳。同时上体向左侧屈 45°。

3～4 拍：收回左腿，上体直立，双手放于后背。

5～6 拍：与 1～2 拍动作相同，方向相反。

7～8 拍：收回右腿，成基本站姿。

图 11－10　第 2 个八拍

(3) 第 3、4 个八拍：

第 3、4 个八拍与第 1、2 个八拍动作相同，方向相反。

动作要领：该节包含巡查病房动作。

巡查病房：巡视病人，目的是关心病人、观察病情。动作需轻盈、细致。

6. 第五节：手部运动—心灵手巧

(1) 第 1 个八拍(见图 11－11)：

1～2 拍：左腿左跨，上体左转 90°，重心前移，右脚点地，两膝挺直。同时，双臂前平举，两手掌前后摩擦两次。

3～4 拍：左脚收回，上体回正。同时双手虎口相扣，左手握紧右手大拇指，右手其余四指并拢，以大拇指为轴转动两次。

5～6 拍：右腿右跨，上体右转 90°，重心前移，左脚点地，两膝挺直。同时，双臂前平举，两手五指分开，右手掌放在左手背上，前后摩擦两次。

7 拍：右脚收回，上体回正，双臂体前屈，上臂紧贴躯干，肘关节约成 90°，两小臂平行，掌心向上，指尖朝前。

8 拍：还原成基本站姿。

图 11－11 第 1 个八拍

(2) 第 2 个八拍(见图 11－12)：

1～2 拍：踏步两次，双臂屈肘双手掌心相对，左下右上，右掌齐额，左掌平胸。

3～4 拍：踏步两次，左臂由下往上抡臂至上举，右臂由上往下抡臂至下举，掌心朝内。头上抬 45°。

5～6 拍：与 1、2 拍动作相同，换成左手在上，右手在下。

7～8 拍：成基本站姿。

(3) 第 3、4 个八拍：

第 3、4 个八拍与第 1、2 个八拍动作相同，方向相反。

图 11－12　第 2 个八拍

动作要领：该节包含洗手、端治疗盘、观察溶液和输液动作。

洗手：医护人员的双手是传播院内感染的最主要媒介，病患接受医疗照护的同时也增加了感染的机会，为了让医护人员重视洗手这个简单的卫生习惯，保障自己和服务对象的健康。方法是：掌心对搓第一步(第 1 个八拍 1～2 拍动作)、手心手背交替搓(第 1 个八拍 5～6 拍动作)、双手交叉搓指缝、弯曲互握搓关节、交替揉搓大拇指(第 1 个八拍 3～4 拍动作)、指尖并拢搓掌心。

端治疗盘：第 1 个八拍的第 7 拍动作。上臂紧贴躯干，肘关节约成 90°，双手将拇指卡在盘边缘，其他四指在盘底自然分开托住治疗盘，身体离盘边缘 3～5 cm，进入病房时应用肘部或者肩部将门推开，端起或放下治疗盘时动作应轻稳。

观察溶液：第 2 个八拍动作。检查输液瓶的有效期、密闭性，是否有沉淀物，核对溶液信息。

输液：输液是医护工作中常用工作，包括查对、无菌技术、换瓶等动作。

7. 第六节：腹背运动——救死扶伤

(1) 第 1 个八拍(见图 11－13)：

1～2 拍：左腿向左横跨，重心在两腿之间。双臂侧平举，掌心向下。

3 拍：两手的食指与中指并拢伸直，其余手指弯曲扣紧。掌心向下，双臂伸直，腹前交叉，右手在上。

4 拍：左手五指分开，手掌上抬。右手从左手背五指间插入并扣紧。

5～6 拍：上体前倾 15°，双臂与地面垂直，手掌与地面平行。上体向下压 15 cm，来回两次。

7～8 拍：收回左脚，成基本站姿。

图 11－13　第 1 个八拍

(2) 第 2 个八拍(见图 11－14)：

1～2 拍：右腿横跨，重心在两腿之间。双臂屈臂平举，握拳相对，拳心向下。

3～4 拍：上体前倾 30°。同时双臂经体前交叉摆至侧下举，拳变掌，掌心朝下。

5～6 拍：右脚收回，屈膝半蹲，上体挺直，双臂收回体侧上臂紧贴躯干，双臂体前屈，肘关节约成 90°，两小臂平行，掌心向上，指尖朝前。

7～8 拍：直立，还原成基本站姿。

(3) 第 3、4 个八拍：

第 3、4 个八拍与第 1、2 个八拍动作相同，方向相反。

动作要领：该节包含心肺复苏、铺床动作。

心肺复苏：心肺复苏是医卫工作者必须掌握的急救技能，能体现专业、稳重的职业素养。心肺复苏按压动作是将其中一只手的手掌放于患者胸骨中下 1/3 交界处，另一只手放在第一只手的上面，手指不能贴近胸壁，手臂伸直，用上半身的体重和肩臂力量垂直向下按压，深度大约 5 cm。

图 11－14 第 2 个八拍

铺床：第 2 个八拍动作。检查被服、开单、下蹲折单等，是保证床位、病房整洁美观的重要动作。

8. 第七节：下蹲运动——脚踏实地

（1）第 1 个八拍（见图 11－15）：

1～2 拍：右脚向左后方撤半步，脚尖着地。同时，右手贴背，目视右脚。

3 拍：双膝交叉下蹲，上体直立。右手从左臀下滑经右腿外侧至膝窝。

4 拍：左手向斜下方伸出，掌心向前。右手放于左腿上，眼看左手。

5～6 拍：左手放在右手背上。同时抬头看正前方。

7～8 拍：起立，收回右脚，成基本站姿。

图 11－15 第 1 个八拍

（2）第 2 个八拍（见图 11－16）：

1～2 拍：向左转，扭头。

3 拍：屈膝半蹲，上体直立。同时，双手掌心朝后，经臀部下摆至体侧。

4～5 拍：直臂，两手体前重叠，右手在上。

6 拍：起立，手上动作不变。

7～8 拍：放下双臂，向右转，成基本站姿。

(3) 第 3、4 个八拍：

第 3、4 个八拍与第 1、2 个八拍动作相同，方向相反。

动作要领：该节包含蹲姿、坐姿等动作。

图 11－16　第 2 个八拍

蹲姿：双脚前后分开约半步，前脚全脚掌着地，后脚前脚掌着地，腰背挺直微向前倾，重心落于两脚中间，下蹲过程中双膝并拢，着裙服的护士应用一手背抚平衣裙并顺势放在双腿中间压紧裙摆。

坐姿：第 2 个八拍动作。“坐如钟”，指坐姿优雅、稳重。正式场合入座讲究左进左出原则，入座时身体背向座位，距离座位边缘约半步，一脚轻轻后撤，感知座位的距离，腰背挺直微前倾，着裙服的护士在落座的过程中用手背自上而下抚平衣裙，坐满座位的 2/3 左右，坐稳后轻轻调整坐姿，双手自然放于腿上，双腿并拢，两脚同时放于一侧，或者双膝并拢、双脚前后分开，亦可双脚交叉放于一侧。长时间需坐时可使后背轻轻靠椅背上，保持腰背挺直，如开会、讲课等。

9. 第八节：跳跃运动——魅力无限

(1) 第 1 个八拍(见图 11－17)：

1 拍：左脚前踢腿跳，脚尖绷直，脚掌离地约 15 cm。同时，双手叉腰。

2 拍：跳成并立，双手叉腰。

3 拍：右脚前踢腿跳，脚尖绷直，脚掌离地 15 cm。双手叉腰。

4 拍：同 2 拍。

5 拍：跳成开立，双臂前平举，五指打开，掌心向前，手臂外旋一次。

6 拍：跳成并立，手臂内旋。

7 拍：同 5 拍，但身体向左跳转 90°。

8 拍：跳成并立，还原成基本站姿。

(2) 第 2～4 个八拍：

第 2～4 个八拍同第 1 个八拍。

图 11－17　第 1 个八拍

动作要领：该节包含告别和祝福。告别时常常用动作表达如“摆手、握手、拥抱”等表示告别和祝福，用语言表达，如“再见、保重、珍重”等。也表达了欢送康复人员回家的喜悦和成就感。

10. 第九节：整理运动——衣冠整洁

(1) 第 1 个八拍(见图 11－18)：

1 拍：身体直立，双手放于头顶，掌心向下。作用为整理医护帽。

2 拍：双手放于两耳后，整理发型。

3 拍：双手放于锁骨部位，整理衣领。
4 拍：双手放于胸骨部位，两手背并拢，整理纽扣。
5 拍：双手滑至胯部，整理系带。
6 拍：双手滑至大腿两侧，整理衣裙。
7～8 拍：双手放于腹前，成沟通站姿的手形。

图 11－18　第 1 个八拍

(2) 第 2 个八拍：

1～6 拍：同第 1 个八拍的 1～6 拍。

7 拍：成沟通站姿，同时微微点头。

8 拍：还原成基本站姿。

动作要领：该节包含整理衣冠和敬礼动作。

整理衣冠：美观整洁、端庄大方的仪表美能树立良好的职业形象，取得最佳的工作效果。整理内容有个人卫生、发型妆容、衣帽整洁、纽扣系带等。

点头礼仪：第 2 个八拍的 7～8 拍动作。保持挺拔站姿，上身微前倾，约成 5°，带动头部微向前、左侧或右侧点头致意，头部正直颈部放松，轻轻点头致意。目光注视对方，面带微笑，配合“您好”“再见”等礼貌用语。

11.3　第二套医护礼仪广播体操组合动作

1. 预备节——大爱无疆

(1) 第 1 个八拍(见图 11－19)：

图 11－19　第 1 个八拍

1～2 拍：双臂微屈侧平举，掌心向前，五指并拢，指关节微屈。

3～4 拍：双臂微屈前平举，五指并拢微屈，指尖距 10 cm。

5～6 拍：双臂微屈上举，五指并拢微屈。踮脚，抬头。

7～8 拍：双臂经体侧下摆，还原成基本站姿。

(2) 第 2 个八拍(见图 11－20)：

1～3 拍：左脚起步，向前走 3 步。

4 拍：右腿吸腿跳，右膝提至胯的高度，崩脚背，双手胸前击掌。

5～7 拍：右脚起步，后退 3 步。

8 拍：左脚收回，成标准站姿。

动作要领：该节包含站姿和走姿。

基本站姿："站如松"，站立时做到挺拔，端庄。头正颈直，下颌微收，两肩外展、下沉，初次训练的学生可以做一下扩胸运动，当两肩扩展到最大时，肩膀随手臂自然下落，同时挺胸收腹、提臀立腰，双腿并拢，双脚跟靠紧，脚尖自然分开，使重心落于两脚掌中间，双臂自然放松下垂，双手自然弯曲，虎口朝前，表情平和面带微笑，双目平视前方目光柔和。

标准站姿：第 1 个八拍 1～2 拍动作。在第一种站姿的基础上双手在身前交叉以右手在前为宜，掌心向内，手指并拢垂直向下，看起来修长、纤细。

图 11－20　第 2 个八拍

鞠躬礼：身体呈标准站姿的基础上，以腰部为轴，上体前倾约 15°～30°，前倾过程中，肩部和腰部呈直线，不可弯腰驼背，双手随身体前倾自然下滑，目光向下注视身前约 1.5 m 的地面，面带微笑，配合"您好""非常感谢"等礼貌用语。

行走：原地踏步动作。"行如风"，在行走时轻盈、迅捷，首先头正肩平，挺胸收腹，双臂在体侧自然摆动，重心随两腿前行而前移，行走足迹应在一条直线上。精神饱满，面容平和，双目平视前方。步幅依身高不同，约 30～50 cm，步速约 2 步/s。

2. 第一节：伸展运动——姿态优雅

(1) 第 1 个八拍(见图 11－21)：

1 拍：左脚横跨，与肩同宽。双臂侧平举，抬头挺胸。

2 拍：右脚交叉于左脚前，重心移至左脚。同时，双臂腹前交叉，右臂向上绕至侧上举，掌心向上，目视右手。

3 拍：右脚横跨，与肩同宽。双臂成侧平举。

4 拍：收回左脚，成基本站姿。

5 拍：左脚向前跨一步。左手向左前方伸出。

6 拍：右脚并与左脚。同时，右手向右前方伸出。

7 拍：左脚向后退一步。双臂经体前交叉向上绕至侧平举。

8 拍：收回右脚，成基本站姿。

图 11－21　第 1 个八拍

(2) 第 2～4 个八拍：

第 2 个八拍与第 1 个八拍动作相同，方向相反。第 3、4 个八拍同第 1、2 个八拍。

动作要领：该节包含活动肩颈、穿脱隔离衣和指路动作。

穿脱隔离衣：第 1～4 拍动作。穿脱隔离衣时保持头正身直，双手保持放于肩膀以下、腰以上、两侧腋中线中间位置的身体前方。

近距离提示：第 5～6 拍动作。上臂贴近身体，手指和前臂成一直线，掌心朝上，手指延长线指向目标物体，如座椅等。

3. 第二节：扩胸运动——以礼相待

(1) 第 1 个八拍(见图 11－22)：

1 拍：右手伸出，呈握手姿势。身体向前倾斜 30°，目视前方，左手贴后背。

2 拍：收回右手，成基本站姿。

3 拍：左脚横跨。双臂屈肘，肘关节屈至腰的高度，掌心向前，扩胸。

4 拍：上体左转 90°，双臂胸前举交叉。

5 拍：成左弓步，扩胸，双臂成侧平举，掌心向前。

6 拍：身体右转 90°，双臂前平举，双手交叉，手腕外翻。

7 拍：双臂上举，收左脚，踮脚尖。

8 拍：还原成基本站姿。

图 11－22 第 1 个八拍

(2) 第 2～4 个八拍：

第 2 个八拍与第 1 个八拍动作相同，方向相反。第 3、4 个八拍同第 1、2 个八拍。

动作要领：该节包含拥抱动作：

拥抱：第 1、5 拍动作。有了爱的拥抱，我们就能克服困难、化解矛盾，履行使命，与病人及其他人和谐相处，做生活的主人，忘我工作，满怀热情地为病人服务——为全人类健康服务，无怨无悔。

4. 第三节：体侧运动——健康向上

(1) 第 1 个八拍(见图 11－23)：

1～2 拍：左臂向左下方伸出，肘关节微屈，掌心朝上，右手贴于后背，眼看左手掌，面带微笑。

3 拍：右腿横跨，右手叉腰，左臂上举。上体向右侧屈 45°。

4 拍：直立。

5～6 拍：左脚横跨，成左弓步，左手虎口朝内撑于左膝上，右臂侧上举，掌心朝外。

7 拍：直立，双臂成侧平举。

8 拍：收回右脚，成基本站姿。

图 11－23 第 1 个八拍

(2) 第 2～4 个八拍：

第 2 个八拍与第 1 个八拍动作相同，方向相反。第 3、4 个八拍同第 1、2 个八拍。

动作要领：该节包含近距离提示等动作。

近距离提示：做 1、2 拍动作。上臂贴紧身体，手指和前臂成一直线，掌心朝上，手指延长线指向目标物体，如座椅等。

5. 第四节：体转运动——身姿矫健

(1) 第一个八拍(见图 11－24)：

1 拍：左脚横跨。右手掌贴后颈，展肩，左臂成侧平举，掌心向上，上体左转 90°。

2 拍：上体回正前方。

3 拍：上体左转 90°。

4 拍：上体回正前方。

5 拍：成右弓步，双手重叠撑在右腿上。

6 拍：直立。左臂往上抡臂至下举，右臂往下抡臂至上举，掌心朝内，头上抬 45°。

7 拍：右脚并拢左脚，屈膝。

8 拍：还原成基本站姿。

(2) 第 2～4 个八拍：

图 11－24　第 1 个八拍

第 2 个八拍与第 1 个八拍动作相同，方向相反。第 3、4 个八拍同第 1、2 个八拍。

动作要领：该节包含原地指路等动作。

原地指路：1 拍的动作。护士在沟通站姿的基础上一手自然放回于体侧，另一手从体侧抬起，手心向上，手臂形成自然的弧度，手指并拢，使手臂的延长线指向患者需要前行的方向，头部微侧目光注视手指的前方，同时伴随有“您好，请往这边走”等用语。

6. 第五节：手部运动——得心应手

(1) 第 1 个八拍(见图 11－25)：

1 拍：左腿横跨，上体左转 45°，两膝挺直。双臂前举，肘关节微屈，左手并掌，掌心向上，右手五指尖并拢，在左手心摩擦。

2 拍：右脚并拢左脚，屈膝。继续摩擦。

3 拍：右腿横跨，上体向右转体 90°，身体重心移两腿间，两膝挺直。同时，五指弯曲互握，搓关节。

4 拍：左脚并拢右脚，屈膝。继续搓手。

5 拍：左腿横跨，上体向左转体 90°，两膝挺直。十指交叉搓手。

6 拍：右脚并拢左脚，屈膝。继续搓手。

7 拍：右腿横跨，上体转回正前方。双臂体前屈，上臂紧贴躯干，肘关节约成 90°，两小臂平行，掌心向上，指尖朝前。

图 11－25　第 1 个八拍

8 拍：左脚收回，成基本站姿。

(2) 第 2～4 个八拍：

第 2 个八拍与第 1 个八拍动作相同，方向相反。第 3、4 个八拍同第 1、2 个八拍。

动作要领：该节包含洗手、端治疗盘动作。

7. 第六节：腹背运动——起死回生

(1) 第 1 个八拍(见图 11－26)：

1 拍：双手掌心朝外贴于后背，以左脚跟为抽，右脚尖着地，身体向左转 90°。

2～3 拍：右脚并拢左脚。双臂下摆至体前，两手于两腿之间叠加。

4 拍：直立。左手五指分开，手掌上抬。右手从左手背五指间插入并扣紧。

5～6 拍：上体前倾 15°，双臂与地面垂直，手掌与地面平行。上体向下压 15 cm，来回两次。

7 拍：以右脚跟为抽，左脚尖着地，身体向右转 90°，双臂侧平举。

8 拍：左脚并拢右脚，成基本站姿。

(2) 第 2～4 个八拍：

第 2 个八拍与第 1 个八拍动作相同，方向相反。第 3、4 个八拍同第 1、2 个八拍。

动作要领：该节包含坐姿和心肺复苏动作。

图 11－26　第 1 个八拍

8. 第七节：下蹲运动——稳如泰山

（1）第一个八拍(见图 11－27)：

1 拍：左脚向前走一步。手臂前后协调摆动。

2 拍：右脚尖前点地。手臂前后协调摆动。

3 拍：右脚尖后点地。左手贴于后背，右手前摆。

图 11－27　第 1 个八拍

4 拍：下蹲，双膝平行。同时，左手从右臀下滑经左腿外侧至膝窝。上体直立，右手搭在右膝上。

5 拍：右手向斜下方伸出，掌心向前。左手放于左腿上，眼看右手。

6 拍：右手放在左手背上。同时抬头看正前方。

7 拍：起立，双手放于体侧。

8 拍：收回左脚，成基本站姿。

(2) 第 2～4 个八拍：

第 2～4 个八拍同第 1 个八拍。

动作要领：该节包含蹲姿等动作。

9. 第八节：跳跃运动——欢欣雀跃

(1) 第一个八拍(见图 11－28)：

1 拍：左脚左跨，重心左移，左膝微屈，左手前平举，掌心朝前，右手贴后背。

2 拍：跳起，右脚并于左脚。左臂平摆至侧平举，右手贴后背。

3 拍与 1 拍动作相同，方向相反。

4 拍与 2 拍动作相同，方向相反。

5 拍：跳成开合，双臂侧上举，掌心向前，五指分开。

图 11－28　第 1 个八拍

6 拍：跳成并立，双臂胸前屈肘平举，握拳，拳眼向下。

7 拍：跳成开合，双臂侧下举，掌心向前，五指分开。

8 拍：跳成并立，还原成基本站姿。

(2) 第 2～4 个八拍：

第 2～4 个八拍同第 1 个八拍。

动作要领：该节包含祝福和欢快等含义。

10. 第九节：整理运动——仪表得体

(1) 第 1 个八拍(见图 11 - 29)：

1 拍：右脚横跨，双臂前屈胸前交叉，掌心向内。

2～4 拍：重心移至右脚，身体左侧屈拉伸。左臂侧下举，右臂侧上举，掌心向前。

5 拍：上体回正，双臂侧平举。

6～7 拍：重心移至左脚，成左弓步，上体左转 90°，双臂前后拉伸。

8 拍：收回右脚，成基本站姿。

图 11 - 29 第 1 个八拍

(2) 第 2 个八拍(见图 11 - 30)：

1 拍：身体直立，双手放于头顶，掌心向下。整理医护帽。

2 拍：双手放于两耳后。整理发型。

图 11－30　第 2 个八拍

3 拍：双手放于锁骨部位。整理衣领。

4 拍：双手放于胸骨部位，两手背并拢。整理纽扣。

5 拍：双手滑至胯部。整理系带。

6 拍：双手滑至大腿两侧。整理衣裙。

7 拍：双手体前相叠，右手在上，成标准站姿，上体前倾 30°，腰部直立，鞠躬。

8 拍：还原成基本站姿。

动作要领：该节包含整理衣冠、敬礼和鞠躬礼等动作。

模块 4

健康休闲体育

项目 12

健　美　操

知识目标

（1）了解健美操和它的运动价值。
（2）掌握健美操的基本动作。
（3）学会成套动作和自编简单动作组合。

技能目标

（1）学会分辨健美操音乐，能够运用健美操领操的手势和口令。
（2）能够熟练展示健美操的基本手型和基本步伐。
（3）能够独自熟练展示第三套大众健美操一、二级组合动作。
（4）具备一定的艺术表现力和健美操健身指导能力。
（5）具备一定的健美操创编能力，能够根据动作进行合适的队形变换。

思政目标

（1）克服锻炼过程中的困难，培养吃苦耐劳的精神。
（2）培养相互帮助、共同进步的团队合作精神。

12.1　健美操运动简介

12.1.1　健美操的起源与发展

健美操包括徒手健美操、艺术杂耍、韵律健美操、健身操、爵士健美操、迪斯科健美操等，形式多种多样。19 世纪，在欧洲一些国家开始出现了以身体活动和音乐伴奏相结合的韵律体操，以及培养音乐体操教师的学校，将音乐体操作为体育教育的手段逐步传播。20 世纪 80 年代初，健美操在美、英、法及欧洲一些国家得到很快推广，电视节目中健美操成为“热点”，学校的体育教学大纲也将此列入其中。英国在 1956 年就建立了大不列颠健美操协会。该协会通过举办健美操教师训练班，向学员讲授解剖学、人体造型学、教学法以及大量的体操和舞蹈动作，为健美操的广泛发展奠定了基础。美国是对现代健美操的发展具有较大影响的国家，以健身、健美为主的健美操和以比赛为主的竞技健美操一直处于世界领先地位。1985 年美国举行了首届健美操比赛，使健美操发展成为竞技性运动项目。

现代健美操在我国发展的历史并不长，但发展速度却非常快。早在 1937 年康健书局就出版了马约翰等人所著的《女子健美体操集》一书。书中以“貌美与体美”“妇女健康的运动”“中年妇女的美容操”“增加内体美的五分钟美容操”“女子健康柔韧操”等 5 个标题，阐述了人体美的价值、重要性和要求，介绍了徒手操的动作，其内容与现代女子健美操有诸多相似之处。随后，又出版了《男子健美操集》。这两本书以“增美之奇方”在我国流传。现代健美操在我国的兴起和流行是 20 世纪 70 年代以后的事。自 1979 年以来，我国在北京、上海、广州等地相继举办了各种健美操班，有的以芭蕾舞基本动作为主，有的以现代舞动作为主，并结合我国具体情况创编了多种多样的徒手健美操、健美球操、棍操等。1985 年北京体育学院成立了健美操研究组，开设了健美操选修课。全国其他一些大、中、小学以至幼儿园，也在体育课中增加了健美操的内容。1985 年 4 月在广州举行了我国第一次女子健美操邀请赛，同年 7 月在北京举行了首届“康康杯”儿童健美操比赛。1987 年 5 月在北京举行了首届“长城杯”健美操友好邀请赛，第一次把健美操列为正式比赛项目。1989 年 5 月，国家体委(现国家体育总局)批准中国健美操协会在北京成立，这标志着在我国此项运动进入了一个有序发展、科学指导的新阶段。随后，健美操运动在全国如火如荼地开展起来。一些体育院系也将此项列入体操教学大纲的内容，为其推广普及培养了大批骨干。此后，北京、上海、广州、天津、南京等大城市相继举行全国性的健美操比赛。项目由少到多，内容不断充实，形式逐步完善，参与者的层次自然地进行分流，向国际接轨，逐步形成了竞技型和大众型两大类的运动架构。竞技型健美操水平提高很快，新人辈出，为我国的健美操运动的发展打下了坚实的基础。

12.1.2 健美操的基本要素

健美操是一项融体操、音乐、舞蹈、美学为一体，通过徒手、手持轻器械和专门器械的练习，达到健身、健美和健心的目的，具有竞技性、娱乐性和观赏性的新兴的体育运动项目。

1. 健美操的功能

健美操有健身、健美、健心、益智和娱乐五大功能。

1) 健身功能

健美操是一项全身性的体育运动，它强调全面发展身体，能使头部、躯干、上下肢及身体各关节都得到锻炼，并可以根据不同的对象、目标有针对性地选择或编排动作。对处于长身体阶段的学生，健美操锻炼能有效地促进学生身体的正常生长发育，增进健康，增强体质，形成正确的身体姿势，塑造健美的体态；对于成年人或中老年人来说，虽然健美操单个动作的运动负荷并不算大，但要连续做几分钟、十几分钟甚至几十分钟，其运动负荷平均可达到心率 120 次/分以上，对心血管系统起到了有氧锻炼的作用，有利于增强体质。

现代社会生产力的高度发展和社会生活的新变化，对增强学生的体质提出了新的更高要求。在现代社会中，由于人们运动不足，造成脑力、体力发展的不均衡，以致出现“文明病”。通过学习和掌握健美操各种基本动作和基本技能，可以提高身体的基本活动能力，提高对外界的适应能力和对疾病的抵抗能力，从而增强体质，发展身心。因此，健身功能是健美操运动本质功能的反映。

2）健美功能

健美操运动能使学生体魄健美，体形匀称，姿态端正，动作矫健，这既是健康的标志，又是人体美的表现。健美操运动能以自己丰富的内容和独特的形式，培养学生的形体美、动作美、姿态美、仪表美、心灵美，使学生树立正确的审美观。

健美操运动还能够培养学生对美的感受能力、鉴赏能力、表现能力和创造能力。美具有形象感染性的特征，在开展健美操运动中正确引导学生的审美意识，鼓励学生在运动中尝试美的内在体验，将内心体验的美（动觉）和外形观察的美（视觉）结合起来欣赏健美操运动，以培养学生对美的感受能力；将系统地传授健美操的常识与美学原理结合起来，使学生能够在观看竞技比赛中获得美感，提高学生的鉴赏能力；培养学生美的表现力和创造力，使学生能将审美意识运用到自己的生活之中。

3）健心功能

健美操运动能丰富学生的文化体育生活，调剂感情，增加生活乐趣，养成良好的生活习惯，培养勇敢顽强、拼搏进取、团结互助等良好的品质。有部分学生不易在激烈、对抗性强的运动项目中发挥优势，但在协调性、柔韧性、灵活性要求较高的健美操运动中，却可以充分展示个性的风采，发挥个性的优势，这对于增强这部分学生的自信心、自尊心和满足感有着不可低估的作用。经常参加健美操锻炼可以使学生在身体活动的实际体验中调节心理平衡，增强自信心。

4）益智功能

健美操运动通过改善学生大脑的物质结构和机能状况，全面发展观察力，广泛训练记忆力，启迪诱导想象力，帮助提高思维力，为智力的开发创造良好的生理条件和环境条件。现代科学研究证明，经常坚持体育锻炼能保证大脑能源物质与氧气的充足供应，使大脑神经细胞充分发育。同时，不同类型的健美操动作能给大脑神经系统提供各种刺激信息，有利于提高大脑皮层细胞活动的强度、均衡性和灵活性，使整个大脑神经系统的结构、功能得到改善和提高。通过各种形式的健美操活动，有利于消除疲劳，使学生头脑清醒，精神焕发，提高学习效率。

5）娱乐功能

进行健美操的练习也是一种娱乐活动。健美操运动是在音乐的伴奏下进行锻炼的项目，它既可以作为一种表演的形式，也可以进行自娱和自乐；既能够有助于同学之间的互相交往，陶冶情操，又能够丰富课余文化生活，促进校园精神文明的建设。

2. 健美操的作用

健美操起源于有氧健身操，是一项具有实用锻炼价值的运动项目。

1）增强体质，提高健康水平

健美操锻炼对身体各器官、系统产生良好的作用。健美操锻炼可以使心腔容量增大，心肌收缩力加强，血管壁肌层增厚，提高血管壁的弹性，进而提高心脏的功能。心搏有力，心排血量增加，全身供氧能力得到提高。

健美操锻炼对呼吸系统的机能也有良好的影响。它能提高呼吸肌的力量和耐久力，使肺活量增大，呼吸深度加强，增加每次呼吸时的气体交换量，这既有利于呼吸肌的休息又可提高呼吸系统的功能储备，从而保证在激烈运动时满足气体交换的需要，提高呼吸机能水平。

健美操锻炼能提高消化系统的机能。由于在健美操运动中大量地消耗能量，加之健美操运动的髋关节活动较多，刺激了肠胃的蠕动，增强了消化的机能，有助于营养物质的吸收和利用，从而提高人体对疾病的抵抗能力。

健美操锻炼加强了肌肉的力量。健美操运动通过全身关节的活动，提高了关节周围韧带、肌肉的伸展性，使关节囊和韧带增厚、增粗，使关节更富有弹性，这样既扩大了关节运动的幅度，提高了灵活性，同时也增强了关节的稳定性，从而提高人体的基本活动能力。

2）塑造形体美

体形是指人们身体的外形，虽然遗传因素起一定的作用，但科学的锻炼和良好的生活习惯可以改善我们的体型。良好的体型和身体姿态与一个人的气质和风度是分不开的，通过长期的健美操练习可以改善不良的身体姿态，形成优美的体态，从而体现出一种良好的气质与修养，给人以蓬勃向上，健、力、美的感觉。同时，健美操练习还可消除体内和体表多余的脂肪，维持人体吸收与消耗的平衡，有效地降低体重，保持健美的体型。

3）调节心理活动，陶冶美好情操

健美操是一项在音乐伴奏下进行的身体练习的运动项目。健美操动作优美、协调，使身体得到全面的锻炼，同时在音乐伴奏下，使人陶醉在美的韵律之中，会很快排除心理上的紧张与烦恼，使身心得到全面调节，精神面貌和气质修养也会有所改善和提高。

4）提高神经系统机能，提高身体素质

健美操是在中枢神经系统的支配调节下进行的。经常进行健美操锻炼还可以提高人体的全面身体素质。体育锻炼中肌肉经常要工作到极限，并产生酸痛和疲劳，而健美操是在强劲的音乐伴奏下进行的，人们常常在忘我的投入中，不知不觉地提高了速度、耐力和力量素质。健美操动作的路线、方向、速度、类型、力度等不断变化，可以增强人的动作记忆和再现力，提高神经系统的灵活性和均衡性。

5）培养良好的意志品质

无论是竞技健美操还是大众健美操的练习对培养和锻炼人们良好的意志品质都有着积极的作用。坚持经常锻炼需要具有自觉性和自制力，如果没有克服困难的毅力和持之以恒的精神是不可能长久坚持的。

3. 健美操的特点

1）美学特点

健美操是建立在美学等科学理论指导下的人体运动方式，讲究造型美，要求动作美观大方、准确到位，讲究有效地训练身体各个部位，使人体匀称和谐地发展，培养健美的体形和风度，塑造健美的自我。健美操既注重外在美的锻炼，又强调内在美的培养，较为明显地反映了健身、健心、健美的自然性整体效应。人体运动是受主观意识指挥的一种精神作用的外在表现，所以人体又能在运动中体现出思想、意志、道德、情操、情感、作风、气质等内在美。健美操所表现出的力与美即外在美与内在美，是构成健美操的美学特点。

2）力度特点

不论是健美操的操化动作，还是它的难度动作都是以力度为基础的，它所表现的是力量、弹力、活力的综合。健美操动作要求的力度和力量性很强，不论是短促的肌肉力量、延续力量，还是瞬间的控制力量都展现出较高的力度感。健美操所形成的动作力量性风格，可充分表现出人体健的风采、美的神韵、力的坚韧。健美操的力度性最能发挥人的个性，具有强烈的表现力、感染力和吸引力，这是它的生命力之所在。它以自身独有的力量性运动风格活跃于体坛。健美操的运动方式所表现出的力与众不同，这是健美操的一个显著特点。

3）音乐特点

音乐是按一定规律运动着的声音，它能唤起人们长期积累起来的生活艺术的实践经验，使人在头脑中恢复某些事物之间的联系或形成某些事物联系关系的重新组合，使人们产生艺术联想。这种联想是形象性的，是以直接或间接的生活实践经验为依据的。音乐对人的情感、情绪变化以及对人体的运动都有直接影响。健美操音乐的旋律是轻快、优美或浑厚、沉稳、热情、奔放的，而绝不应是哀怨、消沉、伤感的颓废之音。音乐曲调健康活泼能振奋精神，消除人们的身心紧张和疲劳，获得心理和生理上的平衡。

4）创新特点

由于人体结构复杂，动作多变，人的情绪丰富，性格迥异，因此健美操动作具有丰富性和可变性的特点。7 种基本步伐的变化和组合，身体关节面和轴的变化，各种队形的点、线及方向的变化极大地丰富了健美操的内容，同时为健美操的创编提供了源源不断的素材。健美操的每组操很少是单关节的局部运动，大多为多关节的同步或不同步的运动。它可以变换运动组合形式，形成丰富多彩的动作。

12.2 健美操基本动作

12.2.1 健美操基本动作的概念及特点

1. 健美操基本动作的概念

健美操基本动作是指动作中最主要、最稳定的部分，所有动作都以此为核心加以扩展。基本动作是掌握其他动作的基础。健美操基本动作包括基本姿态动作、基本难度动作、基础动作三大部分。

健美操中的基本姿态动作是指身体在静态和动态时的各部位姿势，它可以通过舞蹈的姿态进行训练。基本难度动作是指与竞技健美操中规定的特定动作相应的具有一定难度的动作。基础动作是根据人体结构活动特点而确立的具有代表性的动作，共分为 7 个部位的动作，即头颈、肩、胸、腰、髋部动作以及上、下肢动作。

健美操基本动作的正确与否，不仅会影响人的健美姿态，还会影响动作的完成程度和锻炼效果。因此，正确地掌握健美操的基本动作是健美操学习过程中至关重要的一环。

2. 健美操基本动作的特点

健美操中所有动作的变化和创新都是在基本动作的基础上产生和发展的，身体某个部位的基本动作极具有该部位的共性特征，是最具代表性和典型性的。

健美操基本动作是发展健美操难度和组成复合动作的基础。在初学健美操时，先掌握身体各部位的基本动作。只有掌握了这些部位的基本动作，才能抓住健美操的特点，加速发展动作难度，更好地掌握组合练习。

健美操突出的特点之一就是全面地影响身体，使练习者更加健美。例如：踢腿的基本动作抓住正、侧、后三个面就能较全面地影响身体，在此基础上还能发展各种各样的踢腿动作，而这些动作都离不开这三个基本面的踢腿。

12.2.2 健美操基本动作的分类与要求

1. 手型

健美操中的手型有多种，是从芭蕾舞、现代舞、迪斯科、武术中吸收和发展的。手型是手臂动作的延伸和表现，运用得好，会使健美操动作更加丰富多彩，生动活泼，更具有感染力（见图 12－1）。

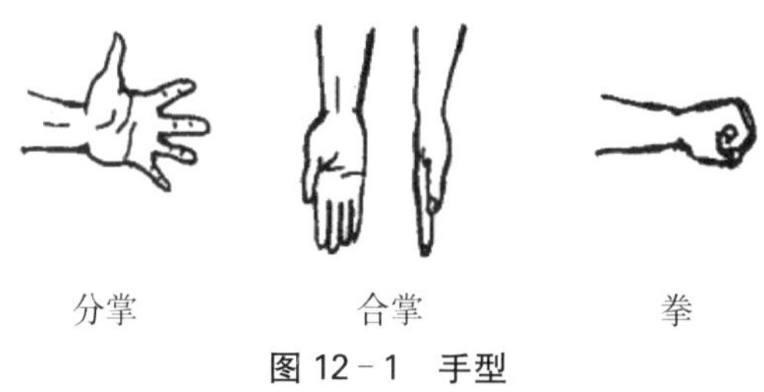

分掌　　合掌　　拳

图 12－1　手型

（1）掌：包括分掌、合掌。①分掌指五指用力分开，手腕保持一定的紧张程度。②合掌指五指并拢伸直。

（2）拳：五指弯曲紧握，大拇指压在食指弯曲部位。

（3）芭蕾手势：五指微屈，后三指并拢、稍内收，拇指内扣。

（4）西班牙舞手势：五指用力，小指、无名指、中指自掌指关节处依次屈，拇指稍内扣。

2. 身体各部位动作

1）头、颈部动作（见图 12－2）

（1）屈：头颈关节角度的弯曲，包括向前、后、左、右的屈。

（2）转：头颈部绕身体垂直轴的转动，包括向左、右的转。

（3）绕和绕环：头以颈为轴心的弧形和圆形运动，包括左、右绕和左、右绕环。

要求：做各种形式头颈动作时，上体保持正直，速度要慢，头颈移动的方向要准确，颈部被动肌群充分伸展。

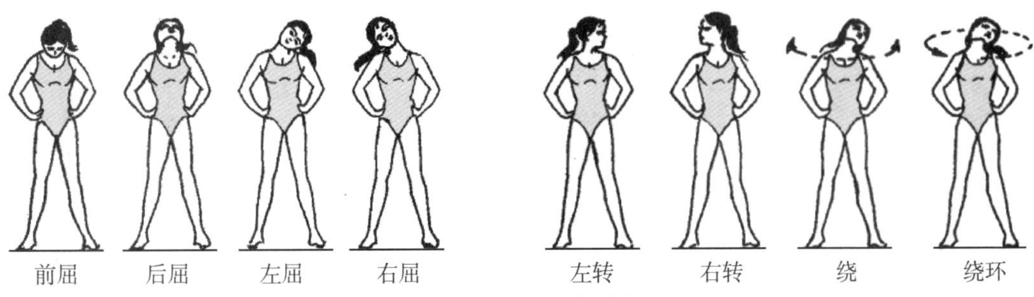

图 12－2 头、颈部动作

2）肩部动作(见图 12－3)

(1) 提肩：肩胛骨做向上的运动，包括单肩、双肩的同时提和依次提。

(2) 沉肩：肩胛骨做向下的运动，包括单肩、双肩的同时沉和依次沉。

(3) 绕肩：以肩关节为轴做小于 360°的弧形运动，包括单肩向前、后绕，双肩同时或依次向前、后绕。

(4) 肩绕环：以肩关节为轴做 360°及 360°以上的圆形运动，包括单肩向前、后绕环，双肩同时或依次向前、后绕环。

(5) 振肩：固定上体，肩急速向前或向后的摆动，包括双肩同时前、后振和依次前、后振。

要求：

(1) 提肩时尽力向上，沉肩时尽力向下，动作幅度大而有力。

(2) 绕肩时上体不能摆动，两臂放松，头颈不能前探；动作连贯，速度均匀，幅度大。

(3) 振肩动作要有速度、力度和弹性。

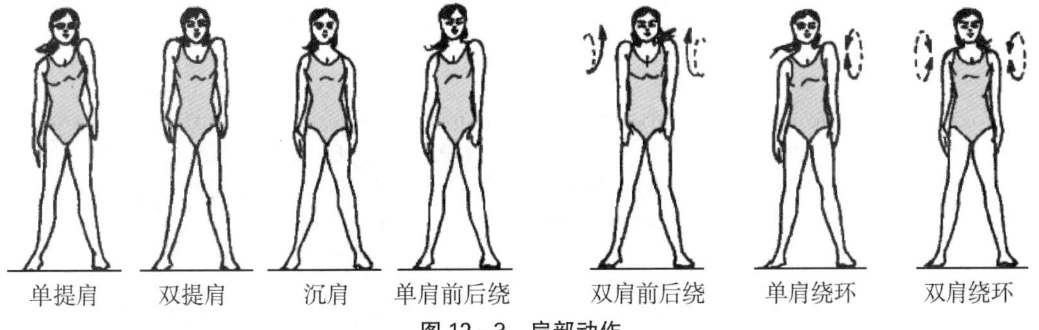

图 12－3 肩部动作

3）上肢(手臂)动作

(1) 举：以肩为轴，臂的活动范围不超过 180°而停止在某一部位的动作，包括单臂和双臂的前、后、侧以及中间不同方向的举(如前上举、侧上举等)(见图 12－4)。

(2) 屈：肘关节产生了一定的弯曲角度，包括头上屈、头后屈、肩侧屈、肩上侧屈、肩下侧屈、肩上前屈、胸前屈、胸前平屈、腰间屈、背后屈(见图 12－5)。

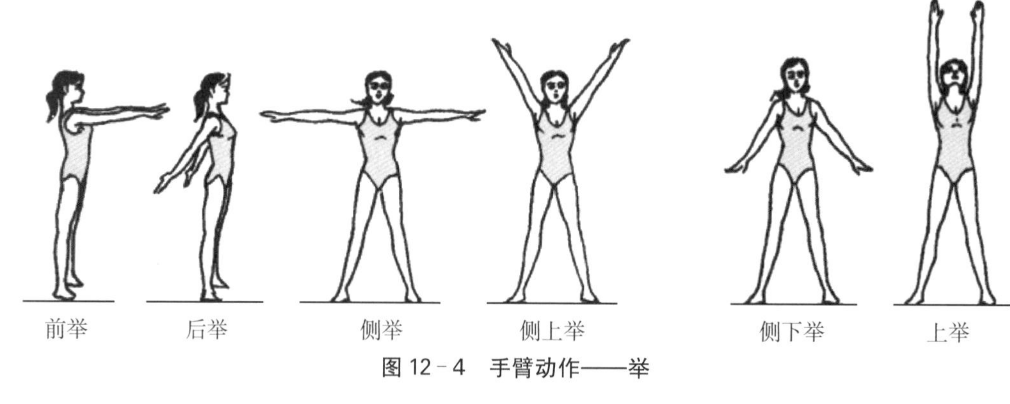

图 12－4　手臂动作——举

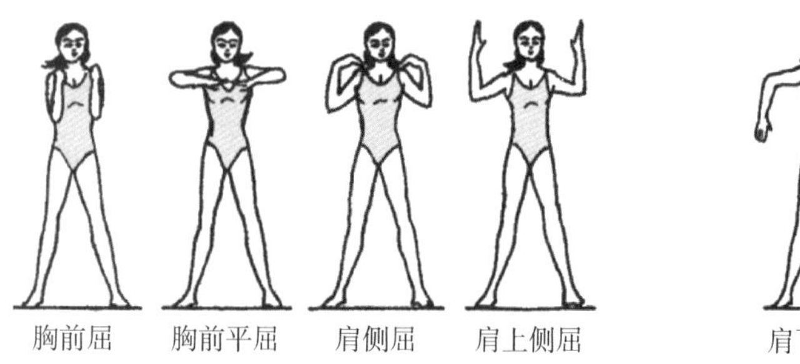

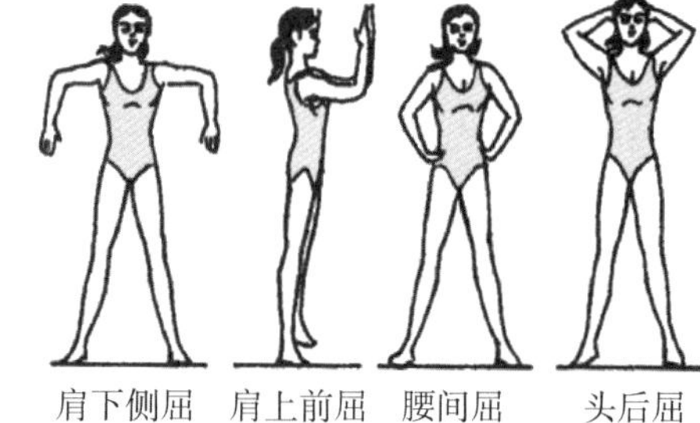

图 12－5　手臂动作——屈

（3）摆：以肩关节带动手臂来完成臂的摆动动作，包括单臂和双臂同时或依次向前、后、左、右的摆（见图 12－6）。

（4）绕：双臂或单臂向内、外、前、后做 180°以上、360°以下的弧形运动（见图 12－6）。

（5）绕环：以肩关节为轴，双臂或单臂做向前、向后、向内的绕环（见图 12－7）。

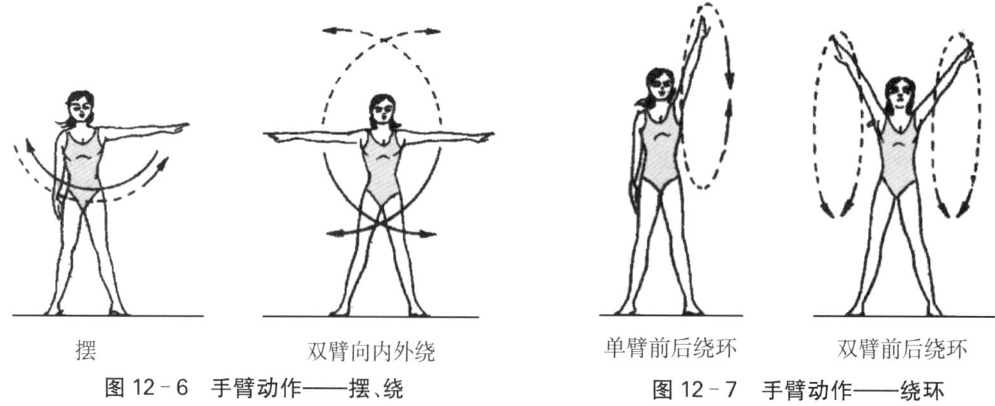

图 12－6　手臂动作——摆、绕

图 12－7　手臂动作——绕环

（6）振：以肩为轴，手臂用力摆至最大幅度，包括上举后振、下举后振、侧举后振（见图 12－8）。

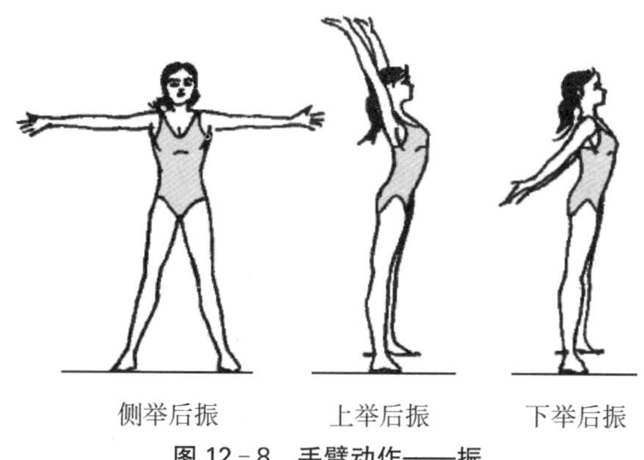

图 12－8 手臂动作——振

（7）旋：以肩或肘为轴做臂的内旋或外旋动作（见图 12－9）。

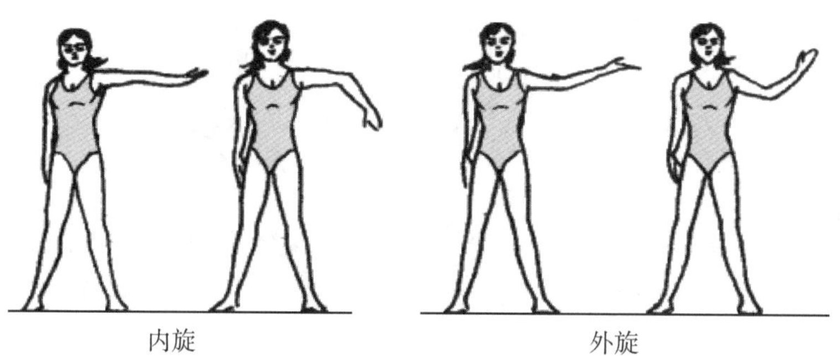

图 12－9 手臂动作——旋

要求：

（1）做臂的举、屈伸时，肩下沉。

（2）做臂的摆动时，起与落要保持弧形。

（3）上体保持正直，位置准确，幅度要大，力达身体最远端。

3. 基本站立

1）立（见图 12－10）

（1）直立：头颈、躯干和脚的纵轴保持在一条直线上。

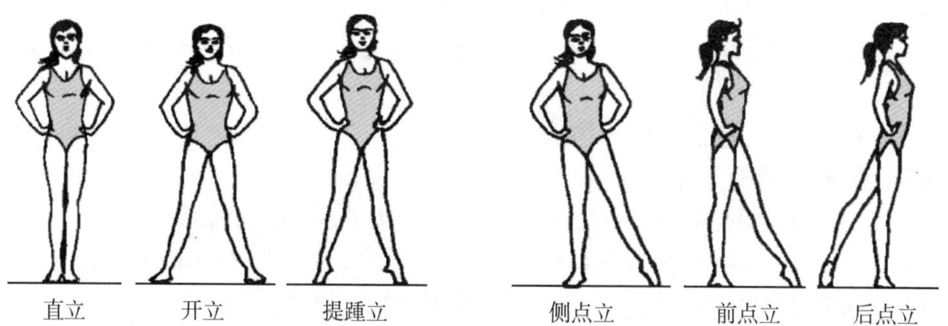

图 12－10 立

(2) 开立：两脚左右分开与肩同宽或宽于肩。

(3) 点地立：一腿直立(重心在站立脚上)，另一腿向各方向伸直，脚尖点地，包括前点立、侧点立、后点立。

(4) 提踵立：两脚跟提起，用前脚掌站立。

2) 弓步

一腿向某方向迈出一步，膝关节弯曲成 90°左右，膝部与脚尖垂直，另一腿伸直，包括左、右腿的前、侧、后弓步(见图 12－11)。

3) 跪立

指大腿与小腿成直角的跪姿，包括双腿跪立、单腿跪立(见图 12－12)。

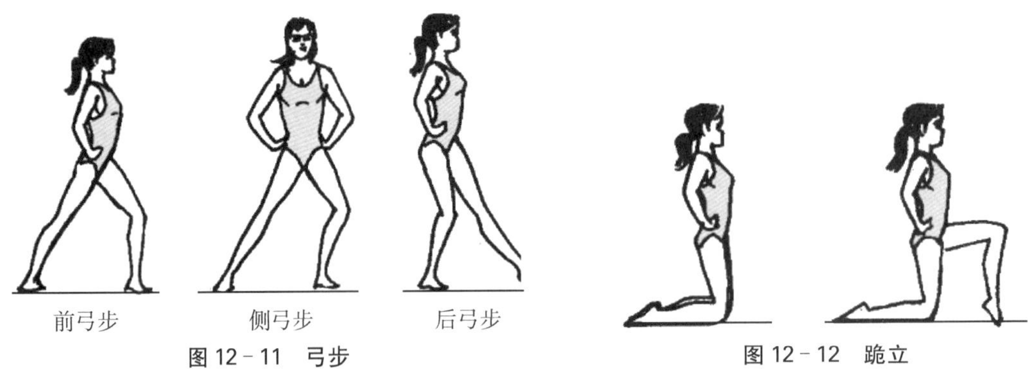

图 12－11 弓步

图 12－12 跪立

要求：

(1) 站立时，头正直，上体保持挺直、沉肩、挺胸、收腹、收臀、立腰、立背、直膝。

(2) 弓步时，前弓步和侧弓步的重心在两腿之间，后弓步的重心在后腿。

(3) 提踵立时，两腿内侧肌群用力收紧，起踵越高越好。

4. 下肢基本动作

(1) 踏步：两脚交替，不间断地做屈膝上提，然后踏地的动作，包括脚尖不离地的踏步、脚离地的踏步、高抬腿的大幅度踏步。

要求：落地时，由脚尖过渡到脚跟着地；屈膝时，胯微收。两臂自然前后摆动。

(2) 吸腿跳：单腿跳起，同时另一腿屈膝向前、侧上提。

要求：大腿用力上提，小腿自然下垂。

(3) 踢腿跳：单腿跳起，同时另一腿直腿向前、侧方向踢出，包括小幅度和大幅度的踢腿。

要求：踢腿时，须加速用力，上体保持正直、立腰。

踏步、吸腿跳、踢腿跳动作如图 12－13 所示。

(4) 后踢腿跳：两脚交替有短暂腾空过程(类似跑步)，小腿向后屈。

要求：髋和膝在一条线上，小腿叠于大腿。

(5) 弹踢腿跳：单腿跳起，同时另一腿经屈膝向前、侧方向弹踢。

要求：大腿抬起至一定角度后，小腿自然伸直，膝关节稍有控制。

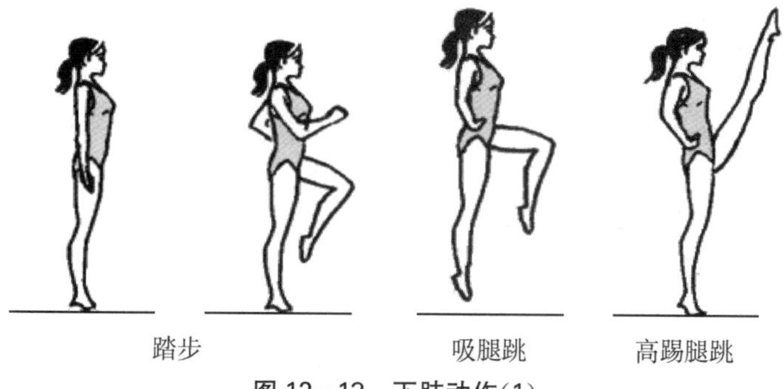

图 12－13 下肢动作(1)

(6) 开合跳：并腿跳至开立，分腿跳至并立。

要求：分腿时，两腿自然外开，膝关节沿脚尖方向弯曲；跳起与落地时，屈膝缓冲。

(7) 弓步跳：并腿跳起，落地时成前(侧、后)弓步。

要求：跳成弓步时，把握住身体重心。

后踢腿跳、弹踢腿跳、开合跳、弓步跳动作如图 12－14 所示。

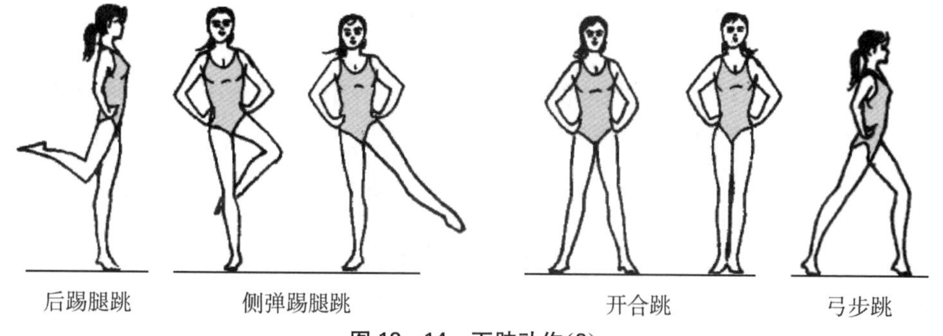

图 12－14 下肢动作(2)

12.3 健美操组合动作

预备姿势：站立

1. 组合一

1) 第 1 个八拍

下肢步伐：右脚一字步 2 次；上肢动作：1～2 拍双臂胸前屈，3～4 拍后摆，5 拍胸前屈，6 拍上举，7 拍胸前屈，8 拍放于体侧。

2) 第 2 个八拍

下肢步伐：右脚一字步 2 次；上肢动作：吸腿时击掌，5～8 拍同 1～4 拍。

3) 第 3 个八拍

下肢步伐：侧并步 4 次(单单双)；上肢动作：1 拍右臂肩侧屈，2 拍还原，3 拍左臂肩侧屈,4 拍还原,5 拍双臂胸前平屈,6 拍还原,7～8 拍同 5～6 拍。

4）第 4 个八拍

下肢步伐：1～4 拍左脚十字步一次,5～8 拍踏步 4 次;上肢动作：1～4 拍手臂自然摆动,5 拍击掌,6 拍还原,7～8 拍同 5～6 拍。

第 5 至 8 个八拍,动作相同,但方向相反。

2. 组合二

1）第 1 个八拍

下肢步伐：1～8 拍右脚开始点地 4 次;上肢动作：1 拍双臂屈臂右摆,2 拍还原,3 拍左摆,4 拍还原,5 拍右摆成右臂侧斜上举,右臂胸前平屈,6 拍还原,7～8 拍同 5～6 拍,但方向相反。

2）第 2 个八拍

下肢步伐：1～4 拍向右弧形走 270°,5～8 拍半蹲 2 次;上肢动作：1～4 拍手臂自然摆动,5 拍双臂前举,6 拍右臂胸前平屈(上体右转),7 拍双臂前举,8 拍放于体侧。

3）第 3 个八拍

下肢步伐：1～8 拍左脚开始 2 次上步吸腿转体 90°;上肢动作：1 拍双臂前举,2 拍屈腿后拉,3 拍前举,4 拍还原,5～8 拍同 1～4 拍。

4）第 4 个八拍

下肢步伐：1～8 拍上步后屈腿 4 次;上肢动作：1～8 拍手臂自然摆动,向前时胸前交叉。

第 5 至 8 个八拍,动作相同,但方向相反。

3. 组合三

1）第 1 个八拍

下肢步伐：1～4 拍向右交叉步,5～8 拍左腿半蹲;上肢动作：1～3 拍双臂经侧至上举,4 拍胸前平屈,5～6 拍双臂前举,7～8 拍放于体侧。

2）第 2 个八拍

下肢步伐：1～8 拍侧点地 4 次(单单双);上肢动作：1 拍右臂左前举,左臂屈肘于腰间,2 拍双臂屈肘于腰间,3～4 拍同 1～2 拍,但方向相反。5～8 拍同 1～2 拍,重复 2 次。

3）第 3 个八拍

下肢步伐：1～8 拍左腿开始向前走 3 步,吸腿 3 次;上肢动作：1 拍双臂肩侧屈,2 拍胸前交叉,3 拍同 1,4 拍击掌,5 拍肩侧屈,6 拍腿下击掌,7～8 拍同 1～2 拍。

4）第 4 个八拍

下肢步伐：右腿开始向前走 3 步,吸腿 3 次,上肢动作同第 3 个八拍。

第 5 至 8 个八拍,动作相同,但方向相反。

4. 组合四

1）第 1 个八拍

下肢步伐：1～8 拍右腿开始 V 字步 + A 字步;上肢动作：1 拍右臂侧斜上举,2 拍双臂侧上举,3～4 拍击掌 2 次,5 拍右臂侧斜下举,6 拍上臂侧斜下举,7～8 拍击掌 2 次。

2）第 2 个八拍

下肢步伐：1～8 拍弹踢跳 4 次(单单双);上肢动作：1 拍双臂前举,2 拍下摆,3～4 拍同1～2拍,5拍前举,6拍胸前平屈,7～8拍同1～2拍。

3）第3个八拍

下肢步伐：1～8拍左腿漫步2次;上肢动作：手臂自然摆动。

4）第4个八拍

下肢步伐：1～8拍迈步后点地4次;上肢动作：1拍右臂胸前平屈,2拍右臂左下举,3～4拍同1～2拍,但方向相反,5拍右臂侧斜上举,6拍右臂左下举,7～8拍同5～6拍,但方向相反。

第5至8个八拍,动作相同,但方向相反。

项目 13

瑜　　伽

知识目标

（1）了解瑜伽运动的起源与发展；瑜伽的健身特点；瑜伽的基本功；瑜伽体位法的健身价值；瑜伽的基本体位。

（2）正确掌握瑜伽的呼吸、冥想方法，利用所学知识，选择适合自己的瑜伽体位进行身体锻炼，达到强身健体、塑造优美体型的目的。

技能目标

（1）学会瑜伽的各种呼吸和放松动作。

（2）能够熟练展示瑜伽的组合动作练习。

（3）能够有效地促进身体的生长发育，矫正姿势，促进健康，增强体质。

（4）能够提高身体的柔韧性和形体表现力。

（5）具备一定的瑜伽健身指导能力。

思政目标

（1）树立正确的体育观、健康观，培养终身体育的意识。

（2）培养气质和美感，塑造良好的形体，促进同伴间的友谊。

13.1　瑜伽运动简介

13.1.1　瑜伽运动的起源与发展

1. 瑜伽的起源

瑜伽起源于印度，距今已有五千多年的历史。从广义上讲，瑜伽是哲学流派之一；从狭义上讲，瑜伽是一种精神和肉体结合的运动。现在一般讲瑜伽，是指一种运动，用来增进人们的身体、心智和精神的健康。

2. 练习瑜伽应注意的事项

（1）练习前先做好各种舒展筋骨的热身运动。

（2）心情要放松，注意动作与呼吸的配合。

（3）最好是在进餐后1～2小时后，当胃处于比较空的状态下，排便之后进行练习。

（4）保持安静，避免聊天、大声笑或复杂消极的心理状态，可以播放舒缓悠扬的乐曲，总之要使身心专注而集中。

（5）因个人身体状况而定，不必操之过急或过分勉强，以免引起运动伤害。

（6）基本上要裸足练习瑜伽。如果穿着鞋子进行会有滑倒的危险，尤其是进行站立的动作时，最好是光着脚。

（7）每个姿势重复做3～6遍，然后完全放松。

（8）在激烈运动以及入浴后不要马上进行练习。待休息20～30分钟后，脉搏平稳时，再进行练习。

13.1.2 瑜伽的健身特点

1）方便易行，安全有效

练习瑜伽不需要很大，仅需很小的空间，能容纳双臂双腿伸展即可，并且受时间的限制也较小；练习瑜伽不需要昂贵的健身房、健身器材，一个安静的地方（房间、草坪）、一块洁净的垫子、一颗纯净的心即可，对初学者来讲可能还需要一些小型的辅助用品（瑜伽砖、瑜伽绳等）。

瑜伽的动作柔和，人人都可以做。无论男女老幼，体力劳动或脑力劳动者，运动员或艺术家，孕妇、某些病患者都可以在指导下练习瑜伽。

2）抛弃杂念，愉悦身心

瑜伽要求练习者在宁静的心境下，抛弃一切杂念，释放压力和紧张情绪，达到身心平衡和安宁。瑜伽更重视通过身体姿势的练习，获得身体、心灵的健康，这是与其他运动最显著的区别之一。瑜伽体位法能够流畅、对称、柔和而又持续地让身体得到伸展和刺激，它和大多数体育练习不同，既不会在某个单位时间内对某块肌肉进行强有力的刺激从而产生大量乳酸及自由基，造成腰酸背痛，也不会引起粗重的呼吸。相反，瑜伽体位法是做得很缓慢，步骤很分明，几乎每组前弯动作后一定会紧接一组后弯动作，而每组动作完成后一般都会有相应的放松运动，对身体起到很好的拉伸与放松作用，舒适而又流畅。

3）可以起到辅助医疗的作用

瑜伽对身体的锻炼是全方位的，不仅锻炼外在体能，还可对内分泌、微循环、内脏系统起到全方位的调节和改善作用。最难能可贵的是，平时几乎锻炼不到的背部肌肉等“盲区”，瑜伽也都有专门的体位法一一照顾周全。所以瑜伽能对疾病的预防甚至治疗起到间接或直接的作用。

13.2 瑜伽的基本功

13.2.1 瑜伽的基本功

1. 瑜伽的呼吸法

呼吸能够被有意识地控制。按照自己的目标与身体的状态，根据不同的目的有区别地进行呼吸就是瑜伽的呼吸术。瑜伽的呼吸法有：腹式呼吸、横膈膜呼吸、呼吸道净化呼吸和完全呼吸四种。

（1）腹式呼吸：仰卧，双手的拇指与食指合成三角形，将三角形的中心置于腹部的肚脐处，集中意识，轻轻按压的同时用鼻呼吸。

（2）横膈膜呼吸：

① 用两侧鼻孔进行横膈膜呼吸盘腿坐，伸直背部肌肉，卸去肩部力量进行放松，轻轻张开嘴，用鼻孔强烈而短促地呼气，吸气可任其自然。

② 用单侧鼻孔进行横膈膜呼吸，伸出手指，将食指与中指弯曲，用拇指压住右鼻孔。按照 1 秒 1 次的节奏用左鼻孔快速强烈地呼气，自然地吸气，进行 15 次，两鼻孔轮流进行两组。

（3）呼吸道净化呼吸：盘腿坐，伸直背筋，卸去肩部力量进行放松。右手的食指和中指弯曲，其他手指伸直，用拇指按住右鼻孔，用左鼻孔慢慢地先呼气后吸气。完全吸气后，用右手的无名指与小指按住左鼻孔，将拇指从右鼻孔挪开。这时用右鼻孔慢慢地呼气之后再一次用右鼻孔吸气。完全吸气后，用右手拇指按住右鼻孔，用左鼻孔呼气。

（4）完全呼吸：跪坐，两手贴于腹部，完全呼气收缩腹部。接着慢慢地吸气扩充腹部。在这种状态下吸气的同时，好像是将腹内的空气提升起来似的收缩腹部，收胸将空气提升，接着提升至肩，最后将空气提升至喉部，呼气的同时收缩腹、胸和肩。

2. 瑜伽的冥想

就像车辆需要一个聪明的驾驶员，人也需要一颗安定、专注、强有力的头脑来控制身体的活动。有规律的瑜伽冥想可以帮助你达到这个目的，你的头脑会变得更清楚，你的注意力会变得更能集中，思考会更有效率。

瑜伽冥想对人的健康也会产生非常积极的影响，由于内心更为平静，也会感到自己少一点紧张、怒气等等。在某个意义上说，由于人的免疫系统是和人的心态紧密相连的，可以说，瑜伽冥想是最强有力的预防性医药。因此，练习瑜伽者深信：瑜伽冥想是确保身体和精神两方面健康的关键方法。瑜伽冥想的姿势有：简易坐（散腿坐）、莲花坐、半莲花坐和金刚坐四种，你可以根据自己的情况，选择一种适合自己的冥想姿势。总之，让自己完全舒适放松。

（1）简易坐（散腿坐）坐姿：双腿交义，左脚压在右腿下方，右腿压在左腿下方。挺直脊背，收紧下巴。

（2）莲花坐坐姿：坐正，屈右腿，将右脚放在左大腿上，左脚放在右大腿上，脚底向上，挺直脊背,收紧下巴,让鼻尖和肚脐保持在一条直线上。

(3) 半莲花坐坐姿: 屈双腿,将臀部坐在脚跟上,放松肩部,收紧下巴,挺直脊背,这样会减轻腿部的压力,腿部自然不会麻木。

(4) 雷电坐坐姿: 双脚大脚趾相叠,脚后跟向外撇,臀部坐在双脚内侧边缘。双膝并拢。雷电坐有一个神奇的功效,可以加强消化系统功能,并有助于消化。饭后选择雷电坐5到10分钟,可以缓解饱腹感,缓解胀气。

13.2.2 瑜伽体位法

瑜伽修行者通过观察动物的姿势并且亲身体验,终于创造了一系列身体锻炼的方法,我们称之为Asana,即瑜伽体位法。这几千种的瑜伽姿势,有许多是依照动物的名称来命名,例如: 眼镜蛇式、孔雀式、鱼式、蝗虫式等。

瑜伽体位法的意思是"在舒适的动作上维持一段时间",在缓慢地动作中,身体保持放松和做深沉的呼吸,使得血液很自然地能够携带大量氧气并且吸收。瑜伽体位影响身体的各个层面,它们活络肌肉和神经系统,强壮僵硬的韧带与肌腱,按摩内部组织并且使关节灵敏。瑜伽体位法具有调节荷尔蒙分泌、调整心理平衡等作用。

1. 毛毛虫式(见图13-1)

1) 动作要点

(1) 俯卧,双脚伸直,勾起脚尖,双手平放于体侧,手掌贴地,下颚与喉部尽量贴地吐气。

图13-1 毛毛虫式

(2) 吸气,脚尖蹬起,膝盖离地,用力挺起腰部;吐气,再充分挺起腰部,脚尖往前向身体方向走到极限,此时下鄂与胸部仍然紧贴地板不动,颈部与背部紧贴,意识集中在颈项的紧张感上。轻呼吸5次。

(3) 脚尖慢慢向后滑,同时腰部放回地面,以俯卧姿势,放松全身,重复练习3遍。

2) 锻炼效果

调节自律神经,促进新陈代谢,舒缓肩部与颈部肌肉僵硬与紧张,消除该部位的疼痛,具有健胸、提升臀部,并预防内脏下垂的功效。

3) 练习要求

用下巴、胸部做支点,不可移动。膝盖不能弯曲。

2. 侧斜板式(见图13-2)

1) 动作要点

(1) 右侧半卧姿。右脚伸直,左脚弯曲,左脚掌平放在右膝旁的地面上,右手平放在臀部后约30厘米的地面上,自然呼吸片刻。

(2) 吸气,右手与双脚和腰部同时施力,让身体成一直线慢慢抬起,左手也同时抬高,与右手成一直线，脸部向上，视线望左手；吐气，左脚轻轻向前移，直至伸直并拢右脚板上，轻轻弯曲左脚，左手抓住左脚趾，一边吐气，一边把左脚往上提，直至与地面垂直。

(3) 深呼吸，保持数秒后慢慢将脚放下还原，回到地面成半侧卧姿势，仰卧放松，均匀呼吸，再重复另一侧练习。

2）锻炼效果

缓解精神压力，强化免疫系统，消除腰部、腹部、臀部、大腿等部位的多余脂肪，使身体线条优美、流畅。

3）练习要求

练习时身体一定要放松。

图 13-2　侧斜板式

3. 船式(见图 13-3)

1）动作要点

仰卧，双脚并拢，双臂平放在体侧。吸气，同时将上身、双脚和双臂向上抬起，只有臀部着地，并以脊柱骨为支点，保持身体平衡，双手、双脚伸直，手指指向脚尖；吐气，慢慢将身体放回地面（应控制下放速度，不可突然落地）。调匀呼吸，全身放松。

图 13-3　船式

2）锻炼效果

增强腹肌力量，消除腹部赘肉，能使大腿修长及腰围变细。防止内脏下垂，改善胃肠功能，消除便秘及强化背部。具有放松身体和关节的效果，对胆小、容易冲动或神经质的人有帮助。这是一个全身性提高体能的练习。

3）练习要求

身体上抬时，要收缩腹部，并紧张全身的肌肉。如发生腿部痉挛时，将脚踝用力蹬出，伸直脚和韧带。

4. 猫式

1）动作要点

(1) 跪在地上，两膝打开与臀部同一宽度，小腿及脚背紧贴在地上，脚板朝天。俯前，挺直腰背，注意大腿与小腿及躯干成直角，令躯干与地面平行。双手手掌按在地上，置在肩膀下面正中位置，手臂应垂直，与地面成直角，同时与肩膀同宽。指尖指向前方。

(2) 吸气，同时慢慢地将盆骨翘高，腰向下微曲，形成一条弧线。眼望前方，垂下肩膀，保持颈椎与脊椎连成一直线，不要过分把头抬高。

(3) 呼气,同时慢慢地把背部向上拱起,带动脸向下方,视线望向大腿位置,直至感到背部有伸展的感觉。配合呼吸,重复以上动作6至10次。

2) 锻炼效果

(1) 充分伸展背部和肩膀,改善血液循环,消除酸痛和疲劳。

(2) 脊椎骨得到适当的伸展,增加灵活性。

3) 练习要求

(1) 动作不要太快,亦不要猛力将颈部前后摆动或把腰部拱后。

(2) 不要过分伸展颈部。

5. 树式

1) 动作要点

(1) 两脚并拢而立,扩胸收腹,膝内侧、大脚趾集中用力而站,额轻微上抬。

(2) 吸气后,一面呼气,一面将右膝弯曲,使脚背贴在髋关节处,脚底朝上。用左腿支撑全身重量,双手向上伸出,手掌合十,缓慢呼吸,静止20秒～1分钟。用另一条腿做相同时间的练习。

(3) 动作完成后,全身舒展,充分放松。

2) 锻炼效果

培养平衡力,使体内平衡感发达。

3) 练习要求

为了用一条腿站立取得平衡,这条腿的膝内侧及大脚趾要紧紧用力。

6. 蛇式(见图13-4)

1) 动作要点

(1) 头部伸直,轻轻向后上方仰起。

(2) 缓慢吸气,同时头部和胸部向上抬起,但肚脐部分贴地(肚脐以上部分离地),抬到最高地方,两腿依然紧紧靠地并用力保持靠拢。

(3) 仰望天空并保持这个姿势,屏息6～8秒。

(4) 把头部和胸部依次触地,脸部一侧触地。

图13-4 蛇式

(5) 放松身体,休息6～8秒。

(6) 重复这个做法。

2) 锻炼效果

蛇式可加强胰脏、肝脏和其他消化器官的活动。人们认为这是一个治疗便秘、消化不良、痢疾、胃炎、胃病等的好姿势。蛇式能够让脊柱柔软,减缓脊椎疾病和背痛。同时,有效的活动胸部、肩部、颈部、面部和头部,使表皮血液活跃,增进面部之美。

3) 练习要求

每日练习不要超过5次。

7. 仰卧式(见图 13－5)

1) 动作要点

图 13－5 仰卧式

(1) 身体平躺在地面上,眼睛平视天花板。两臂垂直,放于身体两侧,手掌贴着地面,两条腿挺直,脚跟、脚趾并拢,正常呼吸。

(2) 用鼻孔缓慢深呼吸,然后屏息。

(3) 尽最大努力将两脚趾向前伸直。

(4) 慢慢向上抬起双腿,抬到离地面 10～12 cm 后,停留 6～8 s。

(5) 一直保持屏息。

(6) 开始呼吸,把腿慢慢放回地面。

(7) 呼气和放腿同时进行,腿放下时,呼气随之完毕。

(8) 重复练习。

2) 锻炼效果

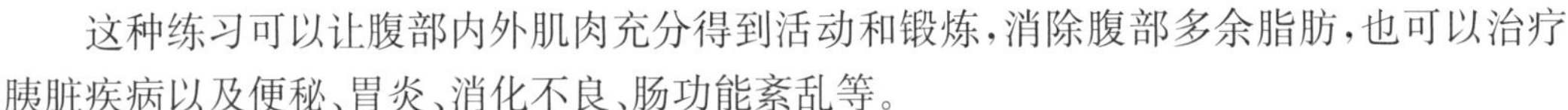

这种练习可以让腹部内外肌肉充分得到活动和锻炼,消除腹部多余脂肪,也可以治疗胰脏疾病以及便秘、胃炎、消化不良、肠功能紊乱等。

这个姿势对背部以及腰部、臀部、髋关节部位疾病有较好的治疗效果,还可以强化脊髓,活跃内部细胞,刺激整个神经系统。

3) 练习要求

背部有伤,不要强求练习双腿抬起,可以先练习单腿抬起的仰卧式。每日练习不得超过 5 次。

8. 屈腿式(见图 13－6)

图 13－6 屈腿式

1) 动作要点

(1) 站立地上,双手放下,眼睛平视前方。

(2) 将右腿抬膝盖抬向胸部(右手抓住脚腕,左手抓住膝盖,进行辅助)。

(3) 让膝盖尽量贴近胸部(尽可能不要依赖手的作用)。

(4) 同时另一条腿保持稳固的直立。

(5) 保持这个姿势 6～8 s,然后回复到预备姿势。

(6) 休息 6 s 后,换另一条腿重复这个动作。

2) 锻炼效果

屈腿式用一种温和的方法来活动胰脏及腹部器官。如果患有疝气、吐酸水、胃炎等症状,练习这个姿势可以立即见效。这个方法可让髋关节放松,锻炼腹肌肉,增加肠胃蠕动。这是易学而又无害的体式,任何人都可以练习和受益。

3）练习要求

如果你感到站立练习有困难，可以躺在地上练习这个动作。

9. 骆驼式

1）动作要点

（1）跪下，小腿平放在地上，膝盖打开至臀宽，脚板朝天。大腿及躯干成一直线，与地面成 90°。双手放在盆骨上方，手肘屈曲，挺直腰背，肩膀及手肘朝向后方。

（2）吸气，由上背开始，慢慢把身体向后弯，收紧大腿股四头肌、臀部和腹部。脸朝着天花板，不要过分伸展颈部。

（3）呼气，先把右手放在右脚跟上，手掌向下，手指向后，然后再把左手依同一方法放在左脚跟上。

（4）吸气，双手往脚掌方向用力，由此借力令上胸挺高朝天。盆骨和大腿与地面保持垂直。头部放松，保持呼吸自然。保持这个姿势约 15～30 s。然后将双手放回盆骨上方，慢慢地恢复原本姿势，然后把臀部坐在脚跟上休息。

2）锻炼效果

令脊椎和肩膀柔软，舒缓背痛及肩痛问题。改善寒背，令姿势变得优美。扩展胸部，改善呼吸系统毛病。改善整体血液循环。调节月经流量，改善经痛问题。

3）练习要求

如果你背部曾经受伤、颈椎有毛病，请利用道具来完成姿势。如果你有头痛、心脏病、腹泻等问题，请暂时不要做这姿势。若膝盖较弱，可用毛毡或垫子垫着膝盖来进行“骆驼式”练习。

10. 莲花坐鱼式

1）动作要点

（1）仰卧，双腿盘腿坐，并平放地面，双手分别抓住脚趾。

（2）吸气，手肘做支点，背部拱起离地，颈部向后弯，头顶放在地面上，脸部尽量与地面垂直，然后合掌在胸前，意识集中在喉咙处。

（3）吐气，双手慢慢伸向头部前方的地面上，意识集中在指尖。

（4）放松，双手慢慢收回胸前，还原仰卧姿势，交换双脚各做 3 遍。

2）锻炼效果

刺激胸下垂体，强化肺部，并调整甲状腺和促进女性荷尔蒙分泌，还可调整女性卵巢、子宫等生理器官。具有健胸、收腹等效果。

3）练习要求

尽自己最大努力完成动作。

11. 摩天式

1）动作要点

（1）自然站立，两脚开立与肩宽。

（2）两眼视体前一物体，双臂举过头顶，手掌朝上，双眼看自己的双手。

（3）提起两脚跟，好像有人在头上拉你的双手，完全伸展身体，脚跟慢慢落地。

2）锻炼效果

可以增强腹直肌的力量。

3）练习要求

每次练习时手臂尽量伸直，手臂上举最好能夹住耳朵，脚跟尽量抬起，以脚趾头着地支撑身体为好，走动时也尽量将身体向上伸展，保持立腰，自然呼吸。妇女经期应停止练习。

12. 鹭式

1）动作要点

（1）从“棒坐”开始，坐直腰背，与头和颈成一直线。右脚屈膝，小腿内侧紧贴着大腿的外侧，作“半英雄式”坐姿。

（2）左脚屈膝提起，双手握着左脚掌，呼气，然后慢慢提起向上伸直，保持大腿、膝盖和脚趾成一直线，保持腰背挺直。

（3）将蹬直的脚持续拉近躯干，一边慢慢呼气，尽量将头部、胸部和腹部贴着小腿及大腿。谨记是把蹬直的脚向自己身体拉近，而不是把身体向脚移近。保持这个姿势 15～30 s。完成后，换另一只脚重复上述步骤。

2）锻炼效果

有效地伸展大腿肌肉，尤其是腘绳肌部分，消除脚部酸痛或抽筋现象，增加柔韧度。

适当地按摩胯部的器官，滋养内脏。促进下半身血液循环，消除腿部和腰部赘肉，令线条更美。

3）练习要求

女性正值经期应避免做这姿势。有坐骨神经痛或关节毛病的人应适可而止，以免拉伤旧患。

13. 半月式

1）动作要点

（1）取站姿，双脚双手成“大”字状。

（2）吸气，右脚向右方转至 90°，左脚不动，慢慢弯曲右膝，上身同时向右大腿侧弯，直至右手掌按在右脚前面的地面上，双臂成一直线，头向上仰，眼睛注视左手指尖。

（3）呼气，右手轻轻挪至右脚前方约距 30 cm 的地面上，右脚慢慢撑直，左脚也同时离开地面，抬高至与身体、头部成一直线，左手也轻轻放在左髋部上，脸部转向左方，用腹部力量让身体平衡，自然呼吸。

（4）保持约 10 s，换另一侧重复这个练习。

2）锻炼效果

帮助消化，消除腰围多余脂肪。

3）练习要求

熟练上述基本姿势后，可再尝试将脚继续向上抬的练习。

14. 金刚坐狮子式

1）动作要点

（1）金刚坐姿，脚尖踮起，臀部坐于脚跟上，手指分开，包住膝盖。

（2）吸气，上身微微离开臀部向前倾，口张开，舌头向外伸出，尽量触及下颚，发出“啊啊”的响声，眼睛望着上方，全身要有紧张感。

（3）吐气，慢慢将舌头收回口内，闭上嘴用鼻孔吸气，同时还原金刚坐姿。

（4）放松，调匀呼吸，重复练习 3 次。

2）锻炼效果

对颈椎、喉咙、眼睛、耳朵有益，改善喉部声线和音质，减少脸部、眼角的皱纹。

3）练习要求

练习时，意识集中在眉心。

15. 蹲功

1）动作要点

（1）二人手拉手相对站立。

（2）深吸气后，呼气，身体约放低 30 cm。

（3）深吸气后，呼气，身体约放低 60 cm。

（4）深吸气后，呼气，身体约放低 90 cm。

（5）吸气，站立，放松手臂及腿部肌肉。

2）锻炼效果

加强腿部肌肉力量和腹肌力量，对髋关节、骨盆、子宫均有益。所以孕妇常做此练习，可加快分娩速度，促进分娩的顺利进行，也可纠正胎位不正。

3）练习要求

量力而行，循序渐进。

项目 14

跳 绳 运 动

知识目标

（1）了解跳绳的基本动作及健身价值。

（2）了解跳绳的节奏变化。

技能目标

（1）掌握各种跳绳动作，并运用到锻炼之中。

（2）能对所学跳绳动作进行创编。

思政目标

（1）培养学生体验群体活动的乐趣，及良好的集体意识和团结协作精神。

（2）培养学生的创新精神以及敢于挑战自我的精神。

14.1 跳绳运动介绍

跳绳是一项极佳的健体运动，能有效训练个人的反应和耐力，有助保持个人体态健美和协调性，从而达到强身健体的目的。跳绳运动的配备十分简单，只需一条绳、轻便衣服及一双适当的运动鞋便可；此外，跳绳所需的地方也不大，无须租借特别场地，而且参与人数不限，可单独一人或多人进行。跳绳每小时消耗体内热量约 1 000 卡路里，并且使人心律维持在与慢跑大致相同的水平，不过它却可以避免因跑步而产生的膝、踝关节疼痛的困扰。由此可见，跳绳是一项简单方便、容易参与的运动。

跳绳在中国具有悠久的历史，原属于庭院游戏类，后发展成为民间竞技运动。南宋以来，每逢佳节都跳绳，清人潘荣陆《帝京岁时纪胜》记录清代北京元宵节民间娱乐活动时，称跳绳为“跳白索”。《松风阁诗抄》有诗记载：“白光如轮舞索童，一童舞索一童唱，一童跳入光轮中。”这种加伴唱的跳绳游戏，娱乐性很强。跳绳有单脚跳、单脚换跳、双脚并跳、双脚空中前后与左右分跳等多种方法。跳时，摆绳与踏跃动作要合拍，可一摇一跳，也可一摇两跳乃至一摇三跳。摇绳的方向可前可后。用长绳可两人同时摇动、集体轮流跳或同时跳。跳跃时还可按不同情况编排各种动作花样，也可用节奏与旋律适宜的歌谣伴唱。除花样跳绳外，也可按一定距离，边摇绳边跑向终点，比赛速度。

跳绳时宜前脚掌着地，不要穿皮鞋及硬底鞋，绳的长短粗细也要合适。跳绳不仅可以促进少年儿童身体正常发展，而且对发展其灵敏、速度、弹跳及耐力等身体素质也有良好作用，所以除为广大青少年所喜爱外，还常用作各专项运动训练的辅助练习。

1. 单摇跳

摇绳一回环，跳跃一次叫单摇跳。单摇跳分前摇跳和后摇跳，是最基本、最简单的跳绳技术。

1）单摇双脚跳

（1）前单摇双脚跳：

前单摇双脚跳是指双手持绳两端，绳在背后，向上、向前摇绳，摇绳时应以肘关节为轴，用前臂与腕部力量进行，并与双脚跳跃动作协调配合，在绳将到脚下时，双脚跳起越过绳用前脚掌落地，如此连续跳跃。

（2）后单摇双脚跳：

后单摇双脚跳是指将绳放在体前，双手由前向后摇绳回环，两脚同时跳起让绳从体后向前通过。除摇绳方向相反，其他动作与前单摇双脚跳相同。

2）单摇双脚交换跳

（1）前摇双脚交换跳：

前摇双脚交换跳是指由体后向前摇绳一回环，双脚交替单脚跳起，即原地跑步跳绳，也可以向前方做跳绳跑。原地双脚交换跳时，小腿屈膝上抬，不要后摆，双脚依次蹬地并交替放松休息。

（2）后摇双脚交换跳：

后摇双脚交换跳则是由前向后摇绳做双脚交换跳练习。

单摇双脚交换跳的特点是跳得高，跳得快，跳的时间比较持久。前后单摇双脚交换快速跳绳常用于个人定时记数比赛。

（3）两臂体前交叉摇绳跳：

两臂体前交叉摇绳跳是指在向前摇绳至体前方向下落的过程中，两臂在体前顺势交叉摇绳，当脚跳过绳后，绳摇至头上时，两臂向左右分开，摇跳一次，这样一摇一交叉摇绳跳。另一种方法是在臂交叉后不立即分开，在两臂前交叉的姿势中继续摇绳跳若干次，再分开跳几次之后再进行交叉。同样也可以在向后摇绳过程中，用以上方法进行臂体前交叉摇绳跳，对于脚下的跳跃动作，既可采用双脚跳，也可以采用单脚交换跳的方式练习。此方法常用于花样定时记数或定数计时比赛。

2. 双摇跳

双摇跳又叫两摇跳，也叫双飞跳。双摇跳技术动作为身体跳起时，加快摇绳速度，使摇绳在脚下通过两次。双摇绳又分前双摇绳和后双摇绳两种技术。

（1）双摇双脚跳：

前双摇双脚跳是各种双摇跳的基础技术。学习双摇跳可先做几个单摇跳，使摇绳回环有了初速度，再突然加快摇绳，双脚同时高跳起，每跳跃一次摇绳两回环。双摇跳技术的关键在于摇绳与跳跃的配合，高速快摇有利于完成动作；初练双摇跳时，可稍收腹并屈腿，有利于增加腾空时间，使跳绳能顺利通过脚下两次，掌握技术后可以连续做双摇跳练习。后双摇跳，是由前向后摇绳两回环跳，后双摇跳可将跳绳放长一些，两臂稍外展，快速摇绳使绳有打地声，这样便于控制起跳时机和节奏。

（2）双摇单脚跳：

双摇单脚跳与双摇双脚跳的方法基本相同，只是用单脚跳起通过摇绳两回环。在掌握了双摇双脚跳以后方可做双摇单脚跳练习。

3. 带人跳绳

带人跳绳是一种常见的趣味性、娱乐性的跳绳活动。通常是一人摇绳带一人同跳，称双人跳绳。带人跳绳也可以一人带多人齐跳或轮流跳，或两人合摇一条短绳带人跳等，跳法多种多样。

（1）一人带一人摇跳：

一人带一人摇跳是指由一人摇绳，另一人可以从背后或体前趁机跑入跳绳，也可以趁绳摇至头顶上方时，由摇绳者的体侧跑至体前或体后，又可以原地或行进间做共同移动的跳跃。带人跳时，要求摇绳速度均匀，两人面对面距离稍近，相互密切配合、协调动作。可先做两人定位的带跳练习，熟练后被带者再做切入跳绳练习。被带者可将手扶在摇绳者的腰部，这样就容易做到同时起跳，默契配合。

（2）钻绳洞：

钻绳洞是指甲摇绳带乙，先相对站立。甲前摇绳带乙，甲乙齐跳 3 次后，甲放慢摇绳速度并将左臂抬高些摇绳，乙弯腰从甲的左臂下快速钻跑到甲的身后，两人再齐跳 3 次。在第 4 次摇绳时，乙再从甲的右臂下快速钻到甲的身前。这样三跳一钻有规律的双人跳绳十分活泼有趣，乙在跳绳中像钻洞一样，故称为钻绳洞。熟练后甲可以带 2～3 人做钻绳洞游戏。

为了使乙顺利钻绳洞，甲应尽量为乙钻过创造有利条件，除抬臂外，还可将绳偏向一侧摇动。乙的动作若慢，甲应慢摇绳；乙若钻得快，甲摇绳也应及时加快。钻洞者要灵巧敏捷，相互密切配合。

（3）双人外手摇绳带人跳：

双人外手摇绳带人跳是指两人并立，均用外侧手分别握同一条跳绳的两端，互相配合进行摇跳，熟练后可在中间、前、后带人一齐跳。三人能够协调摇跳时，还可以同时向前移动（称为跳进），用单脚交换跳的方法，跑两步跳一次绳。

（4）带人双摇跳：

带人双摇跳又称为双人双摇跳。要求双方都能熟练掌握双摇跳，这种带人双摇跳互相配合的要求更高。被带者可用双手扶在带人者的腰部，这样就容易把握起跳和落地的时机。

带人双摇跳时，两人应保持直体上跳，不要弯腰，避免发生因相互撞头、碰脸而造成的伤害。可把跳绳适当缩短，这样既可加快速度又省力。也可以做向后双摇带人跳，但难度较大，需要更好地配合练习。

带人跳绳方法很多，除了上述几种基本方法以外，还有轮带、转带、变换带等多种方法。练习者学会基本方法以后，可灵活变换并学习和设计其他带人跳绳的方法。

14.2 全国跳绳大众等级锻炼标准（花样跳绳二级标准）

1. 一级动作内容

序号	动作名称	动作描述	考级要求	教学提示
1	左右甩绳	两手臂向前摇绳至一边体侧甩绳，绳子不过脚；接着甩绳至另外一边体侧，一拍一动，左右边各四次，完成左右甩绳	按照动作描述连续完成一个八拍	(1) 先学会单手前摇绳或后摇绳，再接着进行左右甩绳 (2) 左右甩绳时，注意两手腕自然放松、柔和的摇绳 (3) 膝盖与手部节奏一致，富有弹性 (4) 身体保持直立姿态，眼视前方，面带微笑
2	并脚跳	两手持绳向前摇绳，双脚并拢跳跃过绳，绳子绕过身体一周，一摇一跳，连续完成并脚跳（即为并脚单摇跳）	按照动作描述连续完成一个八拍	(1) 先进行徒手摇绳练习，再接着单手带绳摇与跳动 (2) 并脚跳绳时，注意手腕自然放松、柔和的进行摇绳 (3) 膝盖与手部放松、节奏一致，踝关节与膝关节富有弹性，做到前脚掌着地 (4) 身体保持直立姿态，眼视前方，面带微笑
3	双脚交换跳	两手持绳向前摇绳，双脚分先后依次向前抬起跳跃过绳；一摇一跳，左右各四次，连续完成双脚交换跳	按照动作描述连续完成一个八拍	(1) 先进行徒手练习，再接着单手带绳摇与双脚交换跳动 (2) 做双脚交换跳时，手部动作应注意两手腕自然放松、柔和的摇绳，手与脚的节奏做到一摇一跳，一摇一抬腿 (3) 腿部动作，做抬脚时，踝关节，与膝关节自然下垂、轻松抬腿，控制好高度，做到前脚掌着地，富有弹性 (4) 身体保持直立姿态，眼视前方，面带微笑
4	开合跳	两手持绳向前摇，当绳子过脚置于空中时，两脚跳跃成开，膝盖微弯曲状态，当绳子快打地时，两脚成合并跳绳过绳，一拍一动，完成开合跳	按照动作描述连续完成一个八拍	(1) 先进行徒手练习，再接着单手带绳摇与双脚开合跳动 (2) 做开合跳时，注意两手腕自然放松、柔和的摇绳，手与脚的节奏注意做到一摇一跳，一开一合 (3) 做开合跳时，踝关节与膝关节注意放松，控制好节奏与过绳时机，做到前脚掌着地，富有弹性 (4) 身体保持直立姿态，眼视前方，面带微笑

（续表）

序号	动作名称	动作描述	考级要求	教学提示
5	弓步跳	两手持绳向前摇，当绳子过脚置于空中时，两脚分开成前后弓步动作，当绳子打地快过脚时，双脚并拢跳过绳。一拍一动，左右边各四次，完成弓步跳	按照动作描述连续完成一个八拍	(1) 先进行徒手练习，再接着单手带绳摇与双脚成弓步跳动 (2) 做弓步跳时，注意两手腕自然放松、柔和的摇绳，手与脚的节奏注意做到一摇一跳，一弓一并 (3) 做弓步跳时，踝关节与膝关节注意放松，控制好节奏与时机，做到前脚掌着地，富有弹性 (4) 身体保持直立姿态，眼视前方，面带微笑
6	并脚左右跳	两手持绳向前摇，当绳子过脚置于空中时，双脚并拢向右、左边跳，一拍一动，左右边各四次，完成并脚左右跳	按照动作描述连续完成一个八拍	(1) 先进行徒手练习，再接着单手带绳摇与双脚左右跳动 (2) 做左右跳时，注意两手腕自然放松、柔和的摇绳，手与脚的节奏注意做到一摇一跳，一左一右 (3) 做左右跳时，踝关节与膝关节注意放松，控制好节奏与时机，做到前脚掌着地，富有弹性 (4) 身体保持直立姿态，眼视前方，面带微笑
7	基本交叉跳	两手持绳摇，此动作分成两拍完成，第一拍两手为直摇绳，第二拍两手为交叉摇绳，一拍一动，开与合各四次，完成基本交叉跳	按照动作描述连续完成一个八拍	(1) 先进行徒手练习，原地静止练习手部动作做交叉摇绳，再接着带绳做交叉跳动 (2) 做间隔交叉单摇跳时，注意两手腕自然放松、柔和的摇绳，注意摇绳时手部交叉地的位置，另外手与脚的节奏注意做到一摇一跳，一开一合 (3) 下肢部位踝关节与膝关节注意放松，控制好节奏与绳过脚的时机，做到前脚掌着地，富有弹性 (4) 身体保持直立姿态，眼视前方，面带微笑
8	勾脚点地跳	两手臂向前摇绳，其中一只脚勾脚同时向前点地，另外一只脚直立跳跃过绳，接着交换另外一只脚做同样动作，一拍一动，左右各四次，完成勾脚点地跳	按照动作描述连续完成一个八拍	(1) 先进行徒手练习，再接着单手摇绳、脚前勾脚点地跳一起配合 (2) 做勾脚点地跳时，注意两手腕自然放松、柔和的摇绳，手与脚的节奏注意做到一摇一跳，一勾点一并跳 (3) 做勾脚点地跳时，下肢部位踝关节与膝关节注意放松，控制好节奏与时机，做到前脚掌着地，富有弹性 (4) 身体保持直立姿态，眼视前方，面带微笑

2. 二级动作内容

序号	动作名称	完成动作要求	考级要求	教学提示
1	弹踢腿跳	两手持绳向前摇，踝关节绷直与小腿向前方弹踢，左右脚交替进行，一拍一动，左右各四次，完成弹踢腿跳	按照动作描述连续完成一个八拍	(1) 先进行徒手练习，再接着单手摇绳与腿部弹踢腿跳一起配合 (2) 做弹踢腿跳时，注意两手腕自然放松、柔和的摇绳，手与脚的节奏注意做到一摇一跳，一吸一踢 (3) 下肢部位踝关节与膝关节注意放松弹踢，力到脚尖，控制好跳绳节奏以及绳子过脚的时机，做到前脚掌着地，富有弹性 (4) 身体保持直立姿态，眼视前方，面带微笑
2	后屈腿跳	两手持绳向前摇，当绳子过脚置于空中时，一脚向后折叠后踢，另外一脚直立跳跃过绳，反之为另外一脚折叠后踢，一脚直立跳跃过绳，一拍一动，左右边各四次，完成后屈腿跳	按照动作描述连续完成一个八拍	(1) 先进行徒手练习，再接着做单手摇绳和脚部后屈腿跳一起配合 (2) 做后屈腿跳时，注意两手腕自然放松、柔和的摇绳，手与脚的节奏注意做到一摇一跳，一吸一跳 (3) 下肢部位踝关节与膝关节注意放松，控制好节奏与绳过脚的时机，做到前脚掌着地，富有弹性 (4) 身体保持直立姿态，眼视前方，面带微笑
3	吸腿跳	两手持绳向前摇，当绳子过脚置于空中时，一腿提膝与身体成90°，另外一腿直立跳跃过绳，反之为另外一腿动作，一拍一动，左右边各四次，完成吸腿跳	按照动作描述连续完成一个八拍	(1) 先进行徒手练习，再接着单手摇绳与脚部提膝跳一起配合 (2) 做吸腿跳时，注意两手腕自然放松、柔和的摇绳，手与脚的节奏注意做到一摇一跳，一提一跳 (3) 下肢部位踝关节绷直与膝关节垂直，大腿与地面平行，控制好节奏与绳过脚的时机，做到前脚掌着地，富有弹性 (4) 身体保持直立姿态，眼视前方，面带微笑
4	钟摆跳	两手持绳向前摇，当绳子过脚置于空中时，一脚向同一侧摆动，另外一脚直立跳跃过绳，反之为另外一脚动作，一拍一动，左右边各四次，完成钟摆跳	按照动作描述连续完成一个八拍	(1) 先进行徒手练习，再接着单手摇绳与脚部左右钟摆跳一起配合 (2) 做左右钟摆跳时，注意两手腕自然放松、柔和的摇绳，手与脚的节奏注意做到一摇一跳，一左一右 (3) 下肢部位踝关节与膝关节注意绷直摆动，控制好节奏与绳过脚的时机，做到前脚掌着地，富有弹性 (4) 身体保持直立姿态，眼视前方，面带微笑

（续表）

序号	动作名称	完成动作要求	考级要求	教学提示
5	踏跳步	两手持绳向前摇，双脚做踏跳跳跃，一摇一跳，完成踏跳步	按照动作描述连续完成一个八拍	（1）先进行徒手练习，分手部摇绳，脚部踏跳步跳，再接着手脚一起配合 （2）做踏跳步时，注意两手腕自然放松、柔和的摇绳，手与脚的节奏注意做到一摇一跳 （3）下肢部位踝关节与膝关节注意放松，控制好节奏与绳过脚的时机，做到前脚掌着地，富有弹性 （4）身体保持直立姿态，眼视前方，面带微笑
6	左右侧摆直摇跳	两手持绳向前摇绳至左边体侧甩绳，再向右边甩绳，接着两手打开成直摇姿态，双脚并拢跳跃过绳，完成一个完整动作	按照动作描述连续完成一个八拍	（1）先进行徒手练习，再接着两手做左右侧摆绳 （2）做左右侧摆直摇跳时，注意两手腕自然放松、柔和的摇绳，手与脚的节奏注意做到协调 （3）下肢部位踝关节与膝关节注意放松，控制好节奏与绳过脚的时机，做到前脚掌着地，富有弹性 （4）身体保持直立姿态，眼视前方，面带微笑
7	手臂缠绕	两手持绳向体侧甩绳缠绕同侧手腕一圈，再稍转体摆至另一侧反向打开所缠绕的绳子；相同动作反向再做一遍，完成一个八拍	按照动作描述连续完成一个八拍	（1）学会此动作，先学会同一方向的缠绕，如一边向前缠绕后接着向后打开，再接着左右手一起配合 （2）做手臂缠绕时，注意两手腕自然放松、柔和的摇绳，摆动的弧度，手的节奏做到一摇一绕，一摇一打地 （3）下肢部位踝关节与膝关节注意放松，控制好绳子与身体节奏，膝关节富有弹性 （4）身体保持直立姿态，眼视前方，面带微笑
8	前后转换跳	完成此动作分成两拍，第一拍为两手持绳向前摇绳，双脚并拢跳跃过绳一周，第二拍为双手持绳从身体的一侧随身体转动 180°，成后摇绳动姿态，接着再转成正面 180°直摇绳，动作总共三个面（即正反正面），便成前后转换跳	按照动作描述连续完成左右各 1 次	（1）此动作最主要是学会手控制绳的能力，首先学会手控制绳子的方向，再学会绳随身体转动而摆动 （2）做前后转换跳时，注意两手腕自然放松、柔和的摇绳，手与脚的节奏注意做到一摇一跳 （3）下肢部位踝关节与膝关节注意放松，控制好节奏与绳过脚的时机，做到前脚掌着地，富有弹性 （4）身体保持直立姿态，眼视前方，面带微笑

项目 15

体 育 舞 蹈

知识目标

(1) 了解体育舞蹈的基本礼仪、标准及要求。
(2) 了解体育舞蹈的各舞种名称及练习方法。

能力目标

(1) 通过学习,使学生掌握体育舞蹈的基本特点。
(2) 掌握基本舞种的动作及线路,并能运用到实践中。

思政目标

(1) 培养学生勤学苦练、团结互助的优良品质。
(2) 提高学生的审美能力,陶冶情操。

15.1 体育舞蹈介绍

体育舞蹈起源于欧洲、拉丁美洲,原名称作“社交舞”,英文为“ballroom dancing”,为欧洲贵族在宫廷举行的交谊舞会。

1924 年,由英国发起欧美舞蹈界人士,在广泛研究传统宫廷舞、交谊舞及拉美国家的各式土风舞的基础上,对此进行了规范和美化加工,于 1925 年正式颁布了华尔兹、探戈、狐步、快步 4 种舞的步伐,总称摩登舞。

1950 年,由英国 ICBD(世界舞蹈组织)主办了首届世界性的大赛“BLACKPOOL DANCE FESTIVAL 1950”(“黑池舞蹈节”),并把规范后的舞蹈命名为国际标准交谊舞,以后每年的 5 月底,在英国的“黑池”举办一届世界性的大赛。随着此种舞蹈在世界的不断推广,摩登舞中又增加了维也纳华尔兹。

1960 年,非洲和拉美一些国家的民间舞经过了规范加工后又增加了拉丁舞的比赛,摩登舞和拉丁舞风格迥异。

经历 100 多年的发展,“社交舞”从“社交”发展为“竞技”,将单一的舞种发展为摩登舞、拉丁舞两大系列的10个舞种。

体育舞蹈20世纪30年代传入中国,80年代发展较快,目前已在全国高校得到广泛的普及。

15.2 体育舞蹈分类

体育舞蹈是以男女为伴的一种步行式双人舞的竞赛项目,按照体育舞蹈的风格和技术结构可分为2大类:摩登舞、拉丁舞;按照竞赛项目可分成3大类:摩登舞、拉丁舞、团体舞(队列舞)。

1. 摩登舞

摩登舞包括有华尔兹、维也纳华尔兹、探戈、狐步和快步舞5个舞种。摩登舞除了探戈外,都源于欧洲大陆,它的音乐时而激情昂扬,时而缠绵性感,动作细腻严谨,穿着十分讲究,体现男士的绅士风度和女士们的妩媚。

(1) 华尔兹(Waltz):起源于17世纪德国乡间土风舞,具有优美、柔和的特质,是历史悠久、生命力最强的舞蹈形式,最受人喜爱的舞蹈。旋转是华尔兹的精髓所在,甚至可以说是华尔兹的生命。

音乐:3/4拍,重音在第一拍,每分钟32小节左右,1拍1步。

(2) 探戈(Tan go):探戈舞可以说是摩登舞家族中的“异类”,其起源迄今尚无定论。音乐抑扬顿挫,刚强有力,令人热血沸腾,舞步如摆头顿足、欲进还退、雄赳赳气昂昂等,舞蹈风格充满豪迈精神,即为现今之标准式探戈。

音乐:2/4拍或4/4拍,每分钟大约33小节,重拍每拍相等,每个慢步只占音乐的1拍,每个快步占1/2拍。基本节奏是慢、慢、快、快、慢。

(3) 狐步(Fox trot):其起源已不可考,但一般认为起源于美国黑人舞蹈,是1941年演员哈利·福克斯模仿马慢步行走时的动作并设计的一种舞蹈形式。狐步在摩登舞中被认为是最难拿捏的一项舞种,要诠释出狐步舞的流畅特性,须有深厚的基础才行。

音乐:4/4拍,重音在第一拍及第三拍,每分钟约28小节,重拍在1拍和3拍,动作节奏为慢、慢、快、快,一个慢等于2拍,1个快等于1拍。

(4) 快步舞(Quick step):快步舞从美国民间舞“P. E. E. P BODY”改编而成,为摩登舞中较快速的一种舞蹈,如果将华尔兹比喻为以旋转为主体,则快步舞则是以直线轻快移动为主轴,现在国际上跳的是英国式的快步舞。

音乐:4/4拍,每分钟约50小节,重拍在1拍和3拍,动作节奏为慢、慢、快、快、慢,1个慢等于2拍,1个快等于1拍。

(5) 维也纳华尔兹(Viennese waltz):它是社交舞中历史最悠久的舞种,又称为圆舞曲或宫廷舞,起源于奥地利北部山区农民舞。维也纳华尔兹舞的风格特点是动作舒展大方,连绵起伏,节奏清晰,旋律活泼,动作优美,舞步轻快、流畅、旋转性强。

音乐:3/4拍,每分钟约56小节,1拍1步。

2. 拉丁舞

拉丁舞包括有伦巴、恰恰、桑巴、斗牛和牛仔舞5个舞种。这5个舞种均有各自舞曲、舞步及风格。拉丁舞中除斗牛舞外，都源于美洲各国和非洲，具有热情、奔放、浪漫的风格特点。舞蹈动作豪放粗犷，速度多变，手势和脚步内容丰富，充满激情，它的音乐热情洋溢、奔放，并具有节奏感。拉丁舞以淋漓尽致的脚法、律动的引导，自由流畅地展现女性的优美线条，男士剽悍刚强、气势轩昂、威武雄壮的个性美，生动活泼，热情奔放，充分表达了青春欢乐的气息，尤被中青年人所宠爱。

(1) 伦巴(Rum ba)：伦巴舞起源于古巴，故又称为古巴伦巴。伦巴舞音乐缠绵，舞态柔美，舞步动作婀娜款摆。舞蹈动作受雄鸡走路启发，动作舒展，缠绵妩媚，舞姿抒情，浪漫优美，配上缠绵委婉的音乐，使舞蹈充满浪漫情调。

音乐：4/4 拍，每分钟约 30～40 小节，节拍数法 2—3—4—1，有切分的顿音节奏。基本步第一拍不出脚，第二拍出脚。

(2) 恰、恰、恰(Cha、Cha、Cha)：起源于中美洲的墨西哥、古巴等地，它是模仿企鹅姿态创编的舞蹈。在动作编排上一反男子领舞的习惯，男女动作不求统一整齐，且多半是男子随后。恰、恰、恰由于名称动听，节奏欢快易记，邦伐斯鼓和沙球的咯咯沙沙与动作相吻合，舞蹈又有诙谐、花哨的风格，所以备受欢迎，是拉丁舞中最流行的舞蹈。

音乐：4/4 拍，每分钟 29～32 小节，4 拍跳 5 步。

(3) 桑巴(Samba)：起源于巴西的里约热内卢，1929 年传入美国，而后又传至各地。它的风格特点是动作粗犷、起伏强烈，舞步奔放、敏捷，富有强烈的感染力；它属于移动性舞蹈(moving dance)，像探戈、华尔兹一样，移动时沿舞程线绕场进行，因此它是拉丁舞中行进性的舞蹈。

音乐：4/4 拍或 2/4 拍，每分钟 48～56 小节。

(4) 斗牛舞(Paso doble)：源自于西班牙，为西班牙的进行曲，音乐雄壮威武，舞蹈风格阳刚味十足。斗牛舞就是斗牛戏的一种诠释表现；男舞者的角色可比拟为斗牛士，女舞者则代表用以吸引公牛注意的红斗篷，因此舞蹈应表现出男子强壮英武和豪迈昂扬的气概。

音乐：2/4 拍，每分钟 60 小节。

(5) 牛仔舞(Jive)：牛仔舞是典型的美国舞蹈，又称为吉特巴。跳法约可分 2 种，一般社交场合中是 6 步吉特巴，而标准舞是 8 步吉特巴。基本上两者都是以 6 拍来完成一个基本步，只是 6 步较为悠闲懒散，而 8 步较有精神、变化较多。它是一种十分放松自由的舞蹈，舞步带有踢踏动作，节奏快速兴奋，动作粗犷，带有举持和甩动的技巧，是表现牧人强健体魄和自由奔放情绪的舞蹈，具有独特的魅力；舞曲欢快，有跃动感，舞步丰富多变，其强烈的扭摆和连续快速的旋转，常使人眼花缭乱，亢奋热烈。

音乐：4/4 拍，每分钟约 40 小节左右。

3. 团体舞

团体舞(队列舞)包括拉丁集体舞和摩登集体舞。体育舞蹈的团体舞一般由 8 对选手组成，将摩登舞或拉丁舞的 5 种舞蹈运用各种队形的变动，编织出丰富多样的图案，它将音乐、舞姿、队形、图案和选手们的和谐配合融为一体，达到了完美的统一，使体育舞蹈的风格特点得到了更为鲜明的表现。在团体舞中每个舞种在步伐、节奏、技术处理以至风格上都有自己的独特之处。

15.3 体育舞蹈的基本功

1. 基础握姿

1）摩登舞持握姿势

男伴持握姿势：

（1）身体垂直地面站立，男伴双脚并拢，右脚稍向后移，全足着地，重心落于两脚内沿；双膝放松（两腿微屈），挺胸微提臀，肩自然放松，头部与身体方向保持一致，稍向左转达约45°，目平视前方。

（2）双臂平抬，双手肘尖与心窝成为一条直线，左小臂向斜前上方上举与左上臂呈略大于90°，拇指与食指持握女伴右手4指，双方拇指握拢；右小臂向斜前下方平伸，与上臂夹角为75°左右；手指并拢伸直，手掌放于女伴左肩胛骨下端（见图15－1）。

女伴持握姿势：

（1）身体垂直地面站立，两脚并拢，右脚稍后移，两腿自然放松，重心落于双脚内沿。挺胸立腰，微收腹提臀，上体稍向左后仰视，头向左微转约45°。

（2）右臂从肩至腕形似一条圆滑的曲线，右手与男伴左手相握，轻轻挂在男伴左手虎口上，高度约与女伴耳齐，位于双方上体的平等中线处，左臂轻微倚靠在男伴右臂上，左手拇指与食指分开，轻微放置于男伴右臂上沿（三角肌）（见图15－2）。

图15－1　男伴持握姿势

图15－2　女伴持握姿势

持握姿势要点：

（1）男伴要感觉自己很高，尽量把身体拉高到极限，还要感觉自己身体很宽，双臂平抬，双手肘尖与心窝成为一条直线，左小臂向斜前上方上举与左上臂成略大于90°，右小臂向斜前下方平伸。

（2）女伴同样要把身体拉高，双手肘尖成为一条直线，轻轻搭在男伴的手臂上，女伴要感觉到身体呈2条弧线，一条是由胸腰到头部向后仰的弧线，另一条是由胸腰到头部向左倾的弧线。

（3）4个接触点：

接触点一：男伴左手轻握女伴的右手，男伴的左手拇指与中指稍用力，女伴用中指稍用力。

接触点二：男女双方身体的垂直中心线与身体右边线之间的垂直中间线的腰部部分相重叠接触。

接触点三：男伴右手掌轻托女伴的左肩胛骨下，手掌平伸。

接触点四：女伴左手虎口张开，放在男伴右上臂三角肌下部，拇指在内侧，其他四指在外侧，腕部和小臂放平，不得突起（见图 15－3）。

探戈的持握姿势与其他 4 种舞相比持握较为紧密，男伴的左前臂稍微降低，约与女伴耳下沿齐平，左手稍向内转，肘部明显。右手掌放置于女伴肩胛骨内侧向下斜插，女伴手拇指外分，其余 4 指并拢，掌心向下，以虎口位放置于男伴右腋下（见图 15－4）。

图 15－3 持握姿势

图 15－4 探戈的持握姿势

2）拉丁舞持握姿势

拉丁舞与摩登舞相比具有活泼欢快的特点，因而它的持握姿势没有统一固定的模式，各种舞的持握姿势各异，同时起舞中持握姿势随着舞姿的变化而变换。拉丁舞的舞姿比摩登舞变化较多，男女双方相对位置与牵手状况也较复杂，主要有下列几种：

（1）正常闭握姿（closed-facing position）：将体重完全置于重心脚上方，男女双方距离约 15 厘米左右，男性右手放在女性左肩胛骨，女性的左手放在男性右腕上，沿着肩膀轻放。男性的左手放在眼睛高度处，轻握女性右手。拉丁的闭式握姿较摩登男女身体相离稍远，双手腕彼此向对方稍延伸，此点是不同的（见图 15－5）。

（2）分式面对姿（open-facing position）：此舞姿一定要注意背部后面要尽量延伸，臀部不要提升向身体内缩，男女双手保持在腰部附近，非重心脚的脚跟提起（见图 15－6）。

（3）扇形舞姿（fan-position）：扇形舞姿是拉丁舞伦巴及恰恰中常用基本舞姿。扇形打开时，脚跟不可着地，女性肚脐向男性，身体有点扭转，女性重心脚稍向后。扇形舞姿要如同能容纳 3 个人一般，圆形要大一些，双手则在男女双方中间紧握（见图 15－7）。

（4）影位姿（shadow position）：影位舞姿在伦巴、恰恰与桑巴舞中常用到。男女双方面对同一方向，女士在男士右前方，双方的重心，握手方式及手臂位置依不同舞步有差异典型的影位舞姿如图所示（见图 15－8）。

图 15-5　正常闭握姿

图 15-6　分式面对姿

图 15-7　扇形舞姿

图 15-8　影位姿

图 15-9　纽约线条

(5) 纽约线条(new york line)：纽约步是伦巴及恰恰舞常用舞姿，线条很美，但并不容易展现(见图 15-9)。

图 15-10　华尔兹基础步伐(1)

2. 体育舞蹈的基础步法

1) 摩登舞——华尔兹基础步伐

技术要点：

(1) 左足前进，并脚换步(见图 15-10)：

男士动作步骤如表 15-1 所示。

表 15-1　男士动作步骤(1)

节奏	要领	步伐	方位	升降	转度	倾斜
1	左脚正前方进步	跟掌	面向斜墙	结尾开始升	不转	直
2	右脚经左脚横步	掌	面向斜墙	继续升	不转	左
3	左脚并于右脚	掌跟	面向斜墙	继续升，结尾下降	不转	左

女士动作步骤如表 15-2 所示。

表 15－2 女士动作步骤(1)

节奏	要领	步伐	方位	升降	转度	倾斜
1	右脚正后方进步	掌跟	背向斜墙	结尾开始升，脚不升	不转	直
2	左脚经右脚横步	掌	背向斜墙	继续升	不转	右
3	右脚并于左脚	掌跟	背向斜墙	继续升，结尾下降	不转	右

(2) 右足前进，并脚换位(见图 15－11)：

图 15－11 华尔兹基础步伐(2)

男士动作步骤如表 15－3 所示。

表 15－3 男士动作步骤(2)

节奏	要领	步伐	方位	升降	转度	倾斜
1	右脚正前方进步	跟掌	面向斜中心	结尾开始升	不转	直
2	左脚经右脚横步	掌	面向斜中心	继续升	不转	右
3	右脚并于左脚	掌跟	面向斜中心	继续升，结尾下降	不转	右

女士动作步骤如表 15－4 所示。

表 15－4 女士动作步骤(2)

节奏	要领	步伐	方位	升降	转度	倾斜
1	左脚正后方进步	掌跟	背向斜中心	结尾开始升脚不升	不转	直
2	右脚经左脚横步	掌	背向斜中心	继续升	不转	左
3	左脚并于右脚	掌跟	背向斜中心	继续升，结尾下降	不转	左

(3) 左转步(图 15－12)：

图 15－12　华尔兹基础步伐(3)

男士动作步骤如表 15－5 所示。

表 15－5　男士动作步骤(3)

节奏	要领	步伐	方位	升降	转度	倾斜
1	左脚前进	跟掌	面向斜中央	结尾开始升	开始左转	直
2	右脚经左脚横步	掌	背向斜墙壁	继续升	1/4	左
3	左脚并于右脚	掌跟	背向舞程线	继续升，结尾下降	1/8	左

女士动作步骤如表 15－6 所示。

表 15－6　女士动作步骤(3)

节奏	要领	步伐	方位	升降	转度	倾斜
1	右脚后退	掌跟	背向斜中央	结尾开始升脚不升	开始左转	直
2	左脚经右脚横步	掌	指向舞程线	继续升	3/8	右
3	右脚并于左脚	掌跟	面向舞程线	继续升，结尾降	身体完成转动	右

2) 拉丁舞——伦巴舞基础步伐

技术要点：

(1) 基本方步(见图 15－13)：

第一小节：

图 15－13　基本方步

动作步骤如表 15－7 所示。

表 15－7 基本方步动作步骤

节奏	脚 位	转度
1	重心在右脚垂直站立、膝绷直，左脚尖内侧点地	
2	左脚正前方进步，重心落到左脚	
3	重心由左脚移动到右脚	
4	左脚经右脚向侧，结束后重心在左脚、膝绷直	

第二小节同第一小节，方向相反。

(2) 库克拉恰(见图 15－14)：

第一小节：

图 15－14 库克拉恰

动作步骤如表 15－8 所示。

表 15－8 库克拉恰动作步骤

节奏	脚 位	转度
1	重心在右脚、膝绷直，左脚脚跟内侧靠着右脚脚跟内侧	
2	左脚内侧用力水平推地，右脚向侧出脚重心落到右脚，左脚尖内侧点地	
3	重心由右脚换到左脚	
4	右脚收回，脚跟靠住左脚，重心在左脚、膝绷直	

第二小节同第一小节，方向相反。

(3) 前进后退基本步(见图 15－15)：

第一小节：

图 15-15　前进后退基本步

男士动作步骤如表 15-9 所示。

表 15-9　前进后退基本步男士动作步骤

节奏	脚　　位	转度
1	重心在左脚，右脚向正前方打开，脚尖外侧点地，膝绷直	
2	右脚沿地面经左脚内侧向正后方退步，重心落于右脚，膝绷直	
3	重心由右脚换到左脚，膝绷直	
4	右脚沿地面向正前方进步，重心落于右脚，膝绷直	

女士动作步骤如表 15-10 所示。

表 15-10　前进后退基本步女士动作步骤

节奏	脚　　位	转度
1	重心在右脚，左脚向正后方打开，脚尖内侧点地，膝绷直	
2	左脚沿地面经右脚内侧向正前方进步，重心落于左脚，膝绷直	
3	重心由左脚移动到右脚	
4	左脚沿地面向正前后方退步，重心落于左脚，膝绷直	

第二小节同第一小节，方向相反。

(4) 臂下左转(见图 15-16)：

图 15-16　臂下左转

男士动作步骤如表 15－11 所示。

表 15－11 臂下左转男士动作步骤

节奏	脚 位	转度
1	开式舞姿，两脚开立，重心在右脚上	
2	左脚沿地面经右脚内侧向前进步，重心落于左脚，膝绷直	
3	重心由左脚换到右脚，膝绷直	
4	左脚沿地面向左侧步，重心落于左脚，膝绷直	左转 1/4 呈面对

女士动作步骤如表 15－12 所示。

表 15－12 臂下左转女士动作步骤

节奏	脚 位	转度
1	开式舞姿，两脚开立，重心在左脚上	
2	右脚沿地面经左脚内侧向左侧步，重心落于右脚	左转 3/4
3	重心由右脚换到左脚，膝绷直	
4	右脚沿地面向右侧步，重心落于右脚，膝绷直	左转 1/4 呈面对

(5) 开式扭臀(见图 15－17)：

图 15－17 开式扭臀

男士动作步骤如表 15－13 所示。

表 15－13 开式扭臀男士动作步骤

节奏	脚 位	转度
1	重心在右脚，左脚向侧打开、脚尖内侧点地，膝绷直	
2	左脚沿地面经右脚内侧向前进步，重心落于左脚，膝绷直	
3	重心由左脚换到右脚，膝绷直	
4	左脚沿地面同右脚内侧并拢，重心落于两脚之间，膝绷直	

（续表）

节奏	脚　　位	转度
1	左脚跟与右脚跟并拢，重心落于两脚之间，膝绷直	
2	右脚后退，重心落于右脚	
3	重心由右脚移动到左脚	
4、1	右脚经左脚内侧向右侧步呈扇形	左转 1/8

女士动作步骤如表 15－14 所示。

表 15－14　开式扭臀女士动作步骤

节奏	脚　　位	转度
1	重心在左脚，右脚向前打开、脚尖外侧点地，膝绷直	
2	右脚沿地面经左脚内侧向后退步，重心落于右脚，膝绷直	
3	重心由右脚换到左脚，膝绷直	
4	右脚沿地面经左脚向前进步，重心落于右脚，膝绷直	
1	重心落于右脚，左脚向后打开，脚尖内侧点地，膝绷直	
2	左脚经右脚内侧向右侧步，重心落于左脚	右转 1/4
3	右脚经左脚内侧向前	左转 1/8
4、1	左脚经右脚内侧向后退步呈扇形	

3. 体育舞蹈的动作编排

1）个人舞编排的基本要素

（1）动作要素：

体育舞蹈每个舞种都有其基本动作，套路动作就是由若干个单个动作组合而成的，因此，选择什么样的动作是编排时首先要考虑的要素。这些动作可基本确定该套路动作的难度、技术价值和艺术价值。

（2）节奏要素：

体育舞蹈的各种舞不论选什么音乐，每种舞的基本节奏是不变的，所以在编排套路动作时，必须符合该舞种的基本节奏和风格。

（3）空间要素：

空间主要表现在动作方向、路线和移动上。方向路线是不可缺少的重要空间要素，在编排时应对舞蹈方向、舞步行进距离、场地大小等因素进行合理地编排。

（4）时间要素：

在编排表演性动作时时间的选择比较灵活，而要编排比赛套路时，应根据比赛时间的要求，根据所参赛的不同组别和自己的技术特点，编一个长短适中的套路而反复循环进行。

2）团体舞编排

（1）音乐的选择：

音乐是表达人思想感情的一种手段，通过音乐的节奏旋律来表达动作的感情，而充分表现舞蹈，团体舞音乐一般要求旋律相对简单，以优美流畅、通俗易懂为主，音乐节奏明显，便于群体节奏的统一，旋律的变化要适应动作的变化，节奏与动作吻合。

（2）动作组合的编排：

动作组合是指舞者采用什么样的舞步在某种队形进行展示和变换，在动作步伐的使用上，应优先考虑动作简单、线条较舒展、节奏清晰、富于流动性的动作。

（3）队形的编排：

团体舞一般是 6～8 对舞者，他们通过许多舞步的组合，变换出丰富多样的队形，队形变换的方式、合理性、整齐性是比赛的主要内容，在一套动作中要间隔性地变换队形，组合出丰富多彩的图案。常用的队形有直线形、平行线形、三角形、圆形、勺形、菱形、V 字形和箭头形等。

模块 5

奥林匹克运动

项目 16

奥林匹克运动由来

知识目标

（1）了解奥运会的起源、标志、会旗、格言和精神等，了解古代奥运会的历史和概况。

（2）了解中国与奥林匹克运动的早期历史；重返奥运的历程和扬威奥运的历史篇章。

技能目标

了解现代奥运会的诞生和发展，奥运会的仪式和比赛项目。

思政目标

铭记 2008 年北京奥运会的历史意义。

16.1 奥运会概述

1. 奥运会

奥林匹克运动会(英语：Olympic Games；希腊语：Ολυμπιακοί Αγώνες)，简称“奥运会”，是一个由国际奥林匹克委员会主办的国际性综合运动会，包括夏季奥林匹克运动会、冬季奥林匹克运动会、青少年奥林匹克运动会、残疾人奥林匹克运动会、听障奥林匹克运动会和特殊奥林匹克运动会。奥林匹克运动会每四年举办一次(曾在两次世界大战中中断三次，分别为 1916 年、1940 年和 1944 年)，每届会期不超过 16 天。

奥林匹克运动会因起源于古希腊奥林匹亚(Olympia)而得名。古代奥运会从公元前 776 年到公元 394 年，共历经 293 届，后被罗马皇帝狄奥多西一世以邪教活动罪名而废止。1894 年在巴黎召开的国际体育会议，根据法国贵族皮埃尔·德·顾拜旦(Pierre de Coubertin)的倡议成立了国际奥委会，并决定恢复奥运会。现代第一届奥运会于 1896 年在希腊雅典举行，此后在世界各地轮流举行。由于 1924 年开始设立了冬季奥林匹克运动会，因此奥林匹克运动会习惯上又称为“夏季奥林匹克运动会”。

1）奥运会标志

奥运五色环标志象征着五大洲团结。奥林匹克运动有一系列独特而鲜明的象征性标志，如奥林匹克标志、格言、奥运会会旗、会歌、会徽、奖牌、吉祥物等。这些标志有着丰富的文化含义，形象地体现了奥林匹克理想的价值取向和文化内涵。

《奥林匹克宪章》规定奥林匹克标志、会旗、格言和会歌的产权属于国际奥委会专有。国际奥委会可采取一切适当措施使奥林匹克标志、旗、格言和会歌在各国和国际上获得法律保护。

2）会旗

奥林匹克会旗于1913年由顾拜旦亲自设计，长3米，宽2米。1914年为庆祝现代奥林匹克运动恢复20周年，在巴黎举行的奥林匹克代表大会上首次升起。1920年在安特卫普奥运会上正式采用。奥林匹克会旗上面是蓝黑红三环，下面是黄绿两环。五环代表五大洲的团结和全世界的运动员在奥林匹克运动会上相聚一堂。

3）会歌

《奥林匹克圣歌》在1896年第一届夏季奥林匹克运动会开幕式上首次演唱，但当时并未确定其为奥运会会歌。20世纪50年代后有人建议重新创作新曲，作为永久性的会歌，但几经尝试都不能令人满意。国际奥委会在1958年于东京举行的第55次全运会上最后确定还是用《奥林匹克圣歌》作为奥林匹克会歌，其乐谱存放于国际奥委会总部。从此以后在每届奥运会的开、闭幕式上都能听到这首悠扬的古希腊乐曲。

4）格言

奥林匹克格言（Olympic Motto）亦称奥林匹克口号。奥林匹克运动有一句著名的格言："更快、更高、更强（英文：Faster，Higher，Srtonger，拉丁文：Citius，Altius，Fortius）"。这一格言是顾拜旦的好友巴黎阿奎埃尔修道院院长迪东（Henri Didon）在他的学生举行的一次户外运动会上，鼓励学生时说过的一句话，他说："在这里，你们的口号是：更快、更高、更强。"

顾拜旦借用过来将这句话用于奥林匹克运动。他曾经对此提出自己的理解，这或许是对奥林匹克精神最好的阐释：奥运会最重要的不是胜利，而是参与；正如在生活中最重要的事情不是成功，而是奋斗；最本质的事情并不是征服，而是奋力拼搏。

1920年，国际奥委会正式将"更快、更高、更强"确认为奥林匹克格言，在1920年安特卫普奥运会上首次使用。此后，奥林匹克格言的拉丁文："Citius，Altius，Fortius"出现在国际奥委会的各种出版物上。奥林匹克格言充分表达了奥林匹克运动所倡导的不断进取、永不满足的奋斗精神。虽然只有短短的6个字，但其含义却非常丰富，它不仅表示在竞技运动中要不畏强手、敢于斗争、敢于胜利，而且鼓励人们在自己的生活和工作中要不甘于平庸、朝气蓬勃、永远进取、超越自我，将自己的潜能发挥到极限。

5）精神

《奥林匹克宪章》指出，奥林匹克精神就是相互了解、友谊、团结和公平竞争的精神。奥林匹克精神对奥林匹克运动具有十分重要的指导作用。首先，奥林匹克精神强调对文化差异的容忍和理解。其次，奥林匹克精神强调竞技运动的公平与公正。人人平等，实现更高、更快、更强的理想。正如已故美国著名黑人田径运动员杰西·欧文斯所说"在体育运动中，人们学到的不仅仅是比赛，还有尊重他人、生活伦理、如何度过自己的一生以及如何对待自己的同类。"

2. 古代奥运会

1）古代奥运会的历史

古希腊人于公元前 776 年规定每 4 年在奥林匹亚举办一次运动会。运动会举行期间，全希腊选手及附近的黎民百姓相聚于奥林匹亚这个希腊南部风景秀丽的小镇。公元前 776 年在这里举行第一届奥运会时，多利亚人克洛斯在 192.27 米短跑比赛中取得冠军，成为国际奥林匹克运动会荣获第一个项目的第一个桂冠的人。后来，古希腊运动会的规模逐渐扩大，并成为显示民族精神的盛会。比赛的优胜者获得用月桂、野橄榄和棕榈编织的花环等。

从公元前 776 年开始，到公元 394 年止，历经 1168 年，共举行了 293 届古代奥林匹克运动会。按其起源、盛衰，大致分为三个时期：

(1) 公元前 776 年至公元前 388 年，发起和光盛：

公元前 776 年，伯罗奔尼撒的统治者伊菲图斯努力使宗教与体育竞技合为一体。它不仅革新宗教仪式，还组织大规模的体育竞技、活动，并决定每 4 年举行一次。所以公元前 776 年的古代奥林匹克运动会被正式载入史册，成为第 1 届古代奥运会。当时仅有一个距离为 192.27 米的场地跑。

这一时期各城邦之间虽有纷争，但希腊是一个独立的国家，政治、经济、文化都较发达，是运动会的黄金时期。特别是公元前 490 年，希腊雅典在马拉松河谷大败波斯军之后，民情奋发，国威大振，兴建了许多运动设施、庙宇等，参赛者遍及希腊各个城邦，奥运会盛极一时，成为希腊最盛大的节日。

(2) 公元前 388 年至公元前 146 年，开始衰落：

由于斯巴达和雅典长期的伯罗奔尼撒战争(公元前 431 年至公元前 404 年)，希腊国力大减，马其顿逐渐吞并了希腊。马其顿君王菲利普还亲自参加了赛马。亚历山大大帝虽自己不喜爱体育活动，仍积极支持，并视奥运会为古希腊的最高体育活动开幕式，为其增添设施。不过，这一时期古奥运会精神已大为减色，并开始出现衰落。

(3) 公元前 146 年至公元 394 年，古奥运会由衰落走向毁灭：

罗马帝国统治希腊后，起初仍举行运动会，但奥林匹亚已不是唯一竞赛地了。如公元前 80 年第 175 届奥运会，罗马经济规律就把优秀竞技者召集在罗马比赛，而奥林匹亚只举行了少年赛。这时职业运动员已开始大量出现，奥运会成了职业选手的比赛，希腊人对之失去了兴趣。公元 2 世纪后，基督教统治了包括希腊在内的整个欧洲，倡导禁欲主义，主张灵肉分开，反对体育运动，使欧洲处于一个黑暗时代，奥运会也随之更趋衰落，直至名存实亡。公元 393 年罗马皇帝狄奥多西一世宣布基督教为国教，认为古奥运会有违基督教教旨，是异教徒活动，翌年宣布废止古奥运会。公元 395 年，拜占庭人与歌德人在阿尔菲斯河发生激战，使奥林匹亚各项设施毁失殆尽。公元 426 年，狄奥多西二世烧毁了奥林匹亚建筑物的残余部分。公元 522、511 年接连发生的两次强烈地震，使奥林匹亚遭到了彻底毁灭。从此顺延了 1 000 余年的古奥运会不复存在，繁荣的奥林匹亚变成了一片废墟。

2）古代奥运会概况

(1) 古代奥运会的比赛场地：

最初的奥运会比赛是在奥林匹亚村的阿尔齐斯神域内进行的，后来在神域的东北角修建了一块长方形运动场，周围有天然地形修成的看台。运动场跑道宽 32 米，每次可供 20 名选手同时比赛，长为 192 米。起跑线用石条铺成，上面刻有两道平行的小槽，供运动员起跑时使用。

（2）古代奥运会的盛况：

古代奥运会不仅是一种竞技大会，在延续一千多年的时间里，它实际上是古希腊人的一个全国性节日。“神圣休战”宣布之后，成千上万的人便向奥林匹亚涌去，在那里，各城邦的代表参加祭祀活动和游行；政治使节缔结条约；艺术家展出作品；学者和教师研讨学术；雄辩家发表演说；商人展售商品；人们穿着最华贵的衣服，带着最珍奇的珠宝，彼此炫耀自己的富裕。

各城邦派出的优秀选手则在竞技场上奋勇拼搏，他们赤身裸体进入赛场，向观众展示他们超人的体能、健美的身体和良好的教养。

奥运会的盛况大大超出了竞技比赛的范围，它是希腊宗教、政治、经济和文化的重要组成部分，起到了推动政治交流、促进贸易发展、繁荣希腊文化、融合民族感情的作用，它使全希腊人民在和平的气氛中欢聚一堂，其丰富的内容和壮观的场面，形成了全希腊最盛大的节日。

最初，奥运会竞技比赛项目主要是田径，后来逐渐增加了摔跤、五项全能、拳击、赛马、角斗，战车赛、武装赛跑等等，最多时达 23 项。

3）古代奥运会授奖仪式

古代奥运会的授奖仪式庄严而隆重。授奖台设在宙斯像前，橄榄冠放在一个特制的三脚台上。授奖时，先由报道官宣布运动员的姓名、比赛成绩、所属的城邦及运动员父母的名字。然后由司仪把优胜者领到主持人面前，主持人起身，将橄榄冠从三脚台上取下来给优胜者戴上。这时，观众唱歌、诵诗、奏乐、欢呼，并向运动员投掷鲜花。古奥运会对获胜运动员的奖励，虽曾多次改变，但原则都是着重于精神奖励。物质奖励也有，但相当微薄。

以橄榄枝作为奥林匹克运动精神的象征，寓意深刻，影响久远。古希腊人认为橄榄树是雅典保护神雅典娜带到人间的，是神赐予人类和平与幸福的象征，因此用橄榄枝编织的橄榄冠是最神圣的奖品，能获得它是最高的荣誉。据说用于编织桂冠的橄榄枝必须得由一个双亲健在的 12 岁儿童用纯金刀子从橄榄树上割下来，然后精心编制。

在奥林匹亚举行的授奖仪式结束后，优胜者便可陆续还乡。同时，各城邦还将为他们的优胜者胜利归来而组织盛大的庆典活动。后来希腊还规定免去优胜运动员对国家的义务，在剧场或节日盛会上为他们设置荣誉座位，个别城邦还发给有功绩的运动员终身津贴。

4）古代奥运会的圣火

古代奥运会召开前，依照宗教规定人们聚集在奥林匹亚宙斯神庙前，举行庄严肃穆的仪式，从祭坛点燃火炬，然后奔赴希腊各个城邦。火炬手高举火炬，一边奔跑，一边呼喊：“停止一切战争，参加运动会！”火炬像一道严格的命令，有至高无上的权力，火炬到哪里，哪里的战火就熄灭了。即使是在激烈厮杀的城邦也都纷纷放下武器，神圣休战开始了。希腊又恢复了和平的生活，人们忘记了仇恨，忘记了战争，都奔向奥林匹亚参加奥林匹克运动会。

5）古代奥运会的特色

古代奥运会有三大特色。第一，古代奥运会是以祭神为主，内容丰富多彩，是形式多样的全希腊综合盛会。包括祭祀天神宙斯、朝拜、祝寿众神、诗人朗诵作品、演说家发表祝词、开展集市贸易等活动，体育竞技仅作为其中的一项内容。第二，古代奥运会是希腊各民族文化的一部分，它起到了团结各族人民，维护国家统一，减少和制止战争的积极作用，与政治有着极为密切的关系。第三，由古希腊的风俗习惯、艺术风格、地理环境和物质生产等因素决定，“赤身运动”是它的一大特色。比赛时，要求裸体的运动员全身涂上橄榄油，以使身体在阳光的照射下熠熠生光，肌肉更富有弹性，更加显示运动员健美的体态。另外，古希腊奥运会的规则规定：禁止女子参加和参观比赛，违反者要受到极刑处置。

16.2 现代奥林匹克运动

1. 现代奥林匹克运动的诞生

1893 年，根据“奥运之父”顾拜旦的建议，在巴黎举行了讨论复兴奥运会问题的国际性体育会议。1894 年 1 月，顾拜旦草拟了复兴奥运会的具体步骤和需要探讨的 10 个问题，致函各国体育组织和团体。6 月 16 日，“国际体育运动代表大会”在巴黎索邦神学院开幕，到会代表 79 人，代表着 12 个国家的 49 个体育组织。有 2 000 人参加了开幕式。大会通过了《复兴奥林匹克运动》的决议。6 月 23 日成立了国际奥林匹克委员会。国际奥林匹克委员会的成立标志着奥林匹克运动的诞生。

奥林匹克运动包括以奥林匹克主义为核心的思想体系，以国际奥委会、国际单项体育联合会和各国奥委会为骨干的组织体系和以奥运会为周期的活动体系。奥林匹克运动是在奥林匹克主义指导下，以体育运动和 4 年一度的奥林匹克庆典——奥运会为主要活动内容，促进人的生理、心理和社会道德全面发展，促进各国人民之间的相互了解，在全世界普及奥林匹克主义，维护世界和平的国际社会运动。

1894 年 6 月 23 日，当顾拜旦与 12 个国家的 79 名代表决定成立国际奥委会、开创奥林匹克运动时，这一壮举曾一度成为人们讽刺的对象。而在百年之后的今天，奥运会已成为普天同庆的节日，奥林匹克运动也吸引了 202 个国家和地区的积极参与。

1998 年，著名的《生活》杂志刊载了历史学家精选的过去千年中最重要的 1 000 个事件和人物，1896 年顾拜旦恢复奥运会的壮举也跻身其中，被誉为千年盛事之一。

奥林匹克运动是人类社会的一个罕见的杰作，它将体育运动的多种功能发挥得淋漓尽致，影响力远远超出了体育的范畴，在当代世界的政治、经济、哲学、文化、艺术和新闻媒介等诸多方面产生了一系列不容忽视的影响。奥林匹克运动不仅构成了现代社会所特有的体育文化景观，以其特有的文化魅力愉悦人们的身心，更以其强烈的人文精神催人奋进，生生不已。

奥林匹克运动是时代的产物，工业革命大大扩展了世界各民族之间在经济、政治和文化等方面的联系，各国交往日益密切，迫切需要以各种沟通手段来加强国际间的相互了解。奥林匹克运动正是为适应这种社会需要而出现的，是人类社会发展到一定阶段的必然产物。

2. 现代奥林匹克运动的发展

奥林匹克运动自1894年国际奥委会成立至今，已有一个世纪的历程。其发展可分为四个阶段。

1）奥林匹克运动的初创时期（1894—第一次世界大战）

从1894年到1914年第一次世界大战前，正值世界性的政治经济关系发生急剧变化时期，各种民族主义和排外心理妨碍了正常的国际交往。现代运动项目仅在少数欧洲国家有所开展，世界范围的体育竞赛活动很少进行。奥林匹克运动尚处于一种摸索阶段。奥运会也还未形成一定的举办模式，如项目设置稳定性差，场地设施简陋，财政困难，会期不固定，裁判员执法不公，以及参赛资格缺乏明确规定等。

1908年奥运会实施了标准化和规范化管理，为未来奥运会的举办构建了基本框架。1912年奥运会是这一时期最成功的奥运会，从参赛国家、运动员人数、场地设施到组织工作都有较大提高，第一次实现了顾拜旦所期望的：没有事故、没有抗议、没有民族沙文主义仇恨的奥运会。

这一时期存在的主要问题是国际奥委会、国际单项体育组织和国家奥委会还都只是一个松散的机构。国际奥委会尚未认识到奥运会是国际奥委会委托给某个城市承办的，放弃了领导和监督权，以致奥运会一切事宜均由东道主随意安排。由于不允许妇女正式参加奥运会，不但使奥运会的广泛性存在重大的缺陷，而且也使女子体育发展受到阻碍。

2）奥林匹克运动的形成时期（1914—第二次世界大战）

因第一次世界大战而中断的奥林匹克运动会于1920年重新进行。国际奥委会从实践中意识到奥运会规范化的重要性，整个奥运会的基本框架、运行机制和基本性在这一时期基本形成，具体表现在：比赛项目的设置逐渐趋向合理；比赛设施进一步完善；会期基本固定；申办、举办程序基本确立，并基本解决了有关运动员的参赛资格问题。先进的技术开始应用到比赛中去，如电子计时器、终点摄影仪、自动打印机、闭路电视转播等。自1928年起，女子田径项目纳入正式比赛，这一重要变化对奥林匹克运动的普及性和号召力起到了推动作用。另一重要发展是有了冬季奥运会，它使奥林匹克运动的覆盖面大大增加。

这一时期，奥林匹克运动的组织机构也得到发展，国家奥委会由第一次世界大战前的29个增加到60个，为奥林匹克思想在世界各地的传播作出了重要贡献。与此同时，各国际单项体育组织也相继成立，通过国际奥委会与各国际单项体育组织和各国家奥委会的协调，使国际奥委会摆脱了每届奥运会都存在的具体技术事务，而更多地在领导、协调、决策等更高的层次发挥作用。

这一阶段存在的一个重要问题是政治对奥林匹克运动的影响日益加重，如1936年柏林奥运会，虽在许多方面优于以往各届，但被希特勒用以向世界炫耀自己的实力，违背了奥林匹克和平、友谊、进步的宗旨。

3）奥林匹克运动的发展时期（1946—1980年）

第二次世界大战结束后，世界政治格局形成了东西方两大政治集团对峙的局面，这对奥林匹克运动的发展产生了重大影响。另一方面，战后各国经济振兴和科技发展，促进了奥林匹克运动的发展。

由于苏联及新兴独立国家的参加，这一时期奥运会每届参赛国家和人数以及竞赛项目都在增加；与此同时，顾拜旦关于在各大洲轮流举办奥运会的设想得以实现；各洲范围的运动会、伤残人奥运会也相继产生。随着奠基运动的普及，竞技运动水平也迅速提高，非洲体育开始崛起。在奥运会上形成美国和苏联争强的局面。奥运会比赛场地及各种配套设施较前有很大的发展，奥运会向大型化、艺术化方向发展。先进的电子设备，以及性别和违禁药物检查，使比赛的公正性得到加强。历届奥运会，促使举办城市的各种市政建设也大为改善，并为其在比赛后继续发挥作用奠定了基础。奥运会的举办资金也由单纯的政府拨款和私人捐赠向以政府拨款、社会捐资和出售电视转播权、发行彩票相结合的多种形式方向转变。

这一时期的奥林匹克组织已不单纯是一个体育机构，它与国家、社会各部门的关系日益密切。政治对奥运会的影响也更趋明显、复杂、尖锐、各种势力集团都想通过这个舞台来达到自己的目的。此外，兴奋剂问题、奥运会承办国财政负担过重等问题都提到重要议程。三大支柱之间出现了裂痕，经济上也危机四起，这种局面从 1972 年基拉宁担任主席后才有所改变。

4）奥林匹克运动的改革时期（1980—至今）

进入 80 年代，在萨马兰奇的领导下，针对奥林匹克运动所面临的各种问题进行了大规模的变革。过去的那种“独立性”原则，即在经济上不谋利，政治上不同政府联系的做法已不适应新时期的需要。人们对奥林匹克运动的要求不只限于 4 年一度的奥运会，奥林匹克运动已参与到更加广阔的领域。国际奥委会在文化教育、科学技术方面注重奥林匹克思想的传播。通过一系列活动，如举办奥林匹克艺术节，建立博物馆，举办“奥林匹克日”纪念活动，定期召开奥林匹克科技大会等，都起到很好的宣传作用。1992 年巴塞罗那奥运会参加国家和地区已增至 172 个，比赛项目达 257 个。

在组织结构上的自我更新与完善，使国际奥委会同其他各个机构的联系日益密切，自 20 世纪 80 年代以来，国际奥委会建立了包括主席、各类专业人员在内的长驻机构——洛桑总部，保证了总部机构对各方面的领导。自 1981 年起国际奥委会第一次有了正式的法律地位，从而得以法人的身份参与处理各种重大事务，经济上大胆进行商业性开发，利用各种活动创造财富，为奥林匹克运动的发展创造一个良好的经济基础。从第 23 届奥运会开始连续几届的奥运会主办国均未出现赤字。经济上的盈利极大地调动了主办国家办好奥运会的积极性。

这一时期发生的重要变化是在肯定政治对体育的作用的同时，强调体育不应听命于任何一个国家的指挥；在肯定商业化的同时，对商业化采取一定的限制措施，并废除了参赛者业余身份的原则，使奥运会向所有优秀的运动员开放。这种务实的态度，促进了奥林匹克运动向健康的方向发展。

奥林匹克运动从初期的探索到自身模式的基本形成，从第二次世界大战后的发展到停滞，以后又经 20 世纪 80 年代以来的改革，终于进入了一个生机勃勃的发展阶段。

16.3 现代奥林匹克运动会仪式

1. 开幕式

1）进场

奥运会组委会主席宣布开幕式开始。国际奥委会主席和奥运会组委会主席在运动场入口迎接东道国国家元首，并引导他们到专席就座。各代表团按主办国语言的字母顺序列队入场，但希腊和东道国代表团例外，希腊代表团最先入场，东道国最后。

2）讲话升旗

奥运会组委会主席讲话，国际奥委会主席讲话，东道国国家元首宣布奥运会开幕。奏《奥林匹克圣歌》，同时奥林匹克会旗以水平展开形式进入运动会场，并从赛场的旗杆上升起。

3）点燃火炬

奥林匹克火炬接力跑，进入运动场，最后一名接力运动员沿跑道绕场一周后，点燃奥林匹克圣火，然后放飞和平鸽。

4）运动员宣誓

各代表团的旗子绕讲台形成半圆形，主办国的一名运动员登上讲台。他左手执奥林匹克旗的一角，举右手，宣读誓言："我代表全体运动员承诺，为了体育的光荣和本队的荣誉，我们将以真正的体育精神，参加本届运动会比赛，尊重和遵守各项规则"。

5）裁判员宣誓

紧接着，主办国的一名裁判员登上讲台，以同样的方式宣读以下誓言："我以全体裁判员和官员的名义，保证以真正的体育道德精神，完全公开地执行本届奥林匹克运动会的职务，尊重并遵守指导运动会的各项规则"。

6）奏乐退场

奏或唱主办国的国歌，各代表团依次退场。

7）文艺表演

这些仪式结束以后，是团体操或其他文艺表演。这是历届奥运会开幕式工作量最大、准备时间最长、花费最多的项目。东道国往往提前一两年即开始准备，并精心设计，以期能以恢宏的气势、独特的民族精神吸引来宾。

2. 闭幕式

闭幕式首先由各代表团的旗手按开幕式的顺序列纵队进场，在他们后面是不分国籍的运动员队伍，旗手在讲台后形成半圆形。

国际奥委会主席和当届奥运会组委会主席登上讲台，希腊国旗从升冠军国旗的中央旗杆右侧的旗杆升起，主办国国旗从中央旗杆升起，下届奥运会主办国的国旗从左侧旗杆升起。主办城市市长登上讲台，并把会旗交给国际奥委会主席，国际奥委会主席把旗交给下届奥运会主办城市的市长。

奥运会组委会主席讲话，国际奥委会主席致闭幕词。紧接着，鸣号奏乐，奥林匹克圣火在号声中熄灭。在演奏《奥林匹克圣歌》的同时，奥林匹克会旗徐徐降下，以水平形式展开送出运动场，旗手紧随其后退场。同时奏响欢送乐曲，各代表团退场。

3. 颁奖仪式

在奥运会期间，奖章应由国际奥委会主席（或由他选定的委员）在有关的国际单项体育联合会主席（或其代表）陪同下颁发。通常情况下，在每项比赛结束后，立即在举行比赛的场地以下述方式颁奖：获得前三名的运动员身着正式服装或运动服登上领奖台，面向官员席。冠军所站的位置稍高，然后宣布他们的名字。冠军代表团的旗帜应从中央旗杆升起，第二名和第三名代表团的旗帜分别从紧靠中央旗杆右侧和左侧的旗杆升起。奏响冠军代表团的国歌时，奖章获得者应面向旗帜。

16.4　现代奥林匹克运动会比赛项目

1）夏季奥运会比赛项目

田径、篮球、足球、摔跤、柔道、举重、射击、射箭、击剑、赛艇、马术、拳击、手球、网球、棒球、垒球、跆拳道、羽毛球、皮划艇、乒乓球、曲棍球、自行车、帆船帆板、体操（含艺术体操）、排球（含沙滩排球）、游泳（含跳水、水球、花样游泳）、铁人三项、现代五项。

2）冬季奥运会比赛项目

速度滑冰、短跑道速度滑冰、高山滑雪、自由式滑雪、越野滑雪、北欧两项、跳台滑雪、现代冬季两项、雪橇、雪车、花样滑冰、冰壶、冰球、滑板滑雪。

3）成为奥运会正式项目的基本条件

一个项目如果要设置为奥运会正式比赛项目，就必须满足以下基本条件：

（1）只有在至少四个洲 75 个以上国家开展的男子体育运动项目/分项和至少在三个洲 40 个以上国家开展的女子体育运动项目/分项才能被列为夏季奥运会比赛项目。

（2）只有在至少三个洲 25 个以上国家中开展的体育运动项目才能被列为冬季奥运会比赛项目。

（3）奥运会中运动小项是运动项目或分项中的一项比赛，在奥运会中需要产生名次，并颁发奖章和奖状以作为奖励。运动小项在被列为奥运会的正式比赛项目之前，首要的也是最重要的要求是在世界范围内有足够的开展这个项目的人数和地域，并且已经举行过至少两次洲际锦标赛。主要依赖机械动力推进的项目、分项和小项不能被列为奥运会比赛项目。

除正式比赛项目外，国际奥委会还授权东道国，可将本国开展较为普及的非奥运会正式的 1～3 个项目列为当届奥运会的表演赛，其他国家亦可派队参加。作为非正式比赛，获胜者不发给奖牌。

项目 17

中国与奥林匹克运动

1. 早期历史——历尽沧桑　历史作证

中国与奥林匹克运动的联系最早可以追溯到1894年。当时，中国清政府曾经接到了希腊王储和近代奥运会发起人皮埃尔·德·顾拜旦代表国际奥委会发出的邀请书。但由于昏庸的清政府不知“体育”为何物而未做答复。

1904年许多中国报刊曾报道过第三届奥运会消息。1906年中国的一家杂志介绍了奥林匹克历史。

1907年10月24日著名教育家中国奥委会第一任主席张伯苓先生在天津学界运动会发奖仪式上，以奥林匹克为题发表了著名的演说。他指出，虽然许多欧洲国家获奖机会甚微，但仍然派出选手参加奥运会。他建议中国组队参加奥运会。

1908年伦敦奥运会后，天津一家报纸再次介绍了奥林匹克运动的历史，还提出要争取这一盛会在中国举行。天津体育界人士用幻灯展示了伦敦奥运会的盛况，举办了奥林匹克专题演讲会。

1910年10月18日至22日，在“争取早日参加奥运会”和“争取早日在中国举办奥运会”口号的鼓舞下，在南京举办了中国历史上第一次全国运动会——“全国学校区分队第一次体育同盟会”。

1913年开始举办的远东运动会(最初名为“远东奥林匹克运动会”)，是奥林匹克运动在亚洲的先驱，中国是发起者之一。在远东运动会上中国运动员取得了较好的成绩，表现了良好的体育道德。

1915年国际奥委会致电远东运动会组委会，承认了远东体协，并邀请中国参加下届奥运会和奥委会会议。1922年，我国的王正延当选为国际奥委会委员。

1924年中华全国体育协进会成立后，中国陆续加入了田径、游泳、体操、网球、举重、拳击、足球、篮球等8个国际单项体育联合会。在第8届奥运会上，我国3名选手参加了表演赛。

1928年第9届奥运会上，我国派观察员宋如海参加，并进行了考察工作。

1931年，当时的中华全国体育协进会被国际奥委会承认为“中国奥林匹克委员会”。中国正式参加奥运会的历史由此开始。

1932年，第10届奥运会在美国洛杉矶举行。我国本不想派选手参加，仅由全国体育协会总干事沈嗣良前往观礼。而日本帝国主义扶持的伪满，为了骗取世界各国的承认，竟然电告国际奥委会：拟派刘长春、于希渭作为“满洲国”的选手参加奥运会。举国一片哗然，刘长春也予以拒绝。在强大的舆论压力下，国民党政府决定，刘长春、于希渭作为运动员，宋君复为教练员，沈嗣良为领队，代表中国参加奥运会。在开幕式上，刘长春执旗前导，沈嗣良、宋君复以及中国留学生和美籍华人刘雪松、申国权、托平等 6 人组成了中国代表团。于希渭因日方阻挠破坏，未能成行。刘长春在 100 米、200 米预赛中位于小组的第五、六名，未能取得决赛权，但他以我国第一位参加奥运会的选手而留名于中国奥运会史。

1936 年，第 11 届奥运会在德国柏林举行。中国派出了 140 人组成的代表团，其中运动员 69 人，参加篮球、足球、游泳、田径、举重、拳击、自行车等 7 个项目的比赛。另外，还有 11 人的武术表演队和 34 人组成的体育考察团。其中篮球比赛胜过法国队，撑竿跳高选手符宝卢取得复赛权。中国武术队的多次表演轰动了欧洲。

1945 年抗日战争胜利后，中国第一位国际奥委会委员王正延和体育家袁敦礼、董守义等人提出请求第 15 届奥运会(1952 年)在中国举行，引起了国人的兴奋。

1948 年，第 14 届奥运会在英国伦敦举行。我国派出了 33 名男运动员参加了篮球、足球、田径、游泳和自行车等 5 个项目的比赛，但没有一人进入决赛。奥运会结束后，代表团在当地华侨总会的帮助下，解决了路费，运动员才得以返回祖国。

1952 年，第 15 届奥运会在芬兰的赫尔辛基举行。中国正式接受邀请较晚，只派出了 40 人的代表团，可当代表团到达赫尔辛基时，比赛已接近尾声。只有吴传玉参加了百米仰泳比赛，但是将五星红旗升起在赫尔辛基奥林匹克体育场，就是新中国的骄傲。

1954 年在雅典举行的国际奥委会第 50 届全会上，国际奥委会以 23 票赞成 21 票反对通过决议，接受中国奥委会，中华人民共和国在国际奥委会中的合法地位得到承认。但是，与此同时，以当时的国际奥委会主席美国人布伦戴奇为首的少数人的操纵之下，却又将台湾所谓的“中华奥委会”继续保留在国际奥委会承认的成员名单上，继续搞“两个中国”。中国奥委会于 1958 年 8 月 19 日宣布断绝与国际奥委会的关系。

1956 年到 1979 年间，中国奥委会没有派代表参加奥运会。但是中国台北选手杨传广在 1960 年罗马奥运会上夺取十项全能比赛的银牌。他是第一位获得奥运会奖牌的中国运动员。1968 年墨西哥城奥运会上，台北女选手纪政获 80 米栏铜牌，她是第一位获得奥运会奖牌的中国女子运动员。

2. 重返奥运——迂回抗争　重获尊重

新中国成立之后，尽管中国派出代表团首次参加了 1952 年赫尔辛基奥运会，但是在奥运会上还是出现了“一中一台”“两个中国”的问题，为此，中国奥委会向国际奥委会发出抗议，要求解决这一问题。

1955 年 6 月，当时的中国奥委会副主席和秘书长荣高棠在国际奥运会执委会与各国奥委会联席会议上，正式向国际奥委会提出，允许台湾在国际奥委会中拥有合法地位是在搞“两个中国”，这是违法的，但是布伦戴奇却以“这是政治问题”为由，没有对中国的抗议进行任何表态。

与此同时，中国奥委会开始了第 16 届奥运会的备战工作，并向台湾发函，表示愿意提供一切帮助，希望台湾选派优秀的运动员来北京集训，以组建统一的代表团参加比赛。

而国际奥委会依然在文件中不断使用“中国北京”的字样，更有甚者，布伦戴奇在给中国国际奥委会委员董守义的信中，竟然说台湾“不是中国的领土”。在国际奥委会的支持下，包括国际足联、国际田联、国际举联、国际泳联、国际篮联、国际射联、国际自联和国际摔联在内的国际单项体育联合会也承认了台湾所谓的合法地位。

为了维护中国领土的统一和完整，中国奥委会于 1958 年 8 月 19 日宣布断绝与国际奥委会的关系，并从 1958 年 6 月至 8 月间，先后退出了 15 个国际单项体育组织。当时的中国国际奥委会委员董守义毅然辞去了国际奥委会委员的职务。

在以后的二十余年里，中国都无法参加许多国际体育比赛。为了打破这层坚冰，中国团结第三世界的体育力量，开始了漫长的破冰之路。第一个突破是在 1962 年夏天。印度尼西亚举办第四届亚运会，拒绝了台湾以中华奥委会的名义参加。为此，一些国际单项体育联合会取消了印度尼西亚的会员资格，禁止其参加奥运会。面对这样的现实，印度尼西亚总统苏加诺提议，举办新兴力量运动。第一届新兴力量运动会于 1962 年 9 月在雅加达举行，来自亚洲、非洲、拉丁美洲和欧洲的 48 个国家和地区的 2 404 名运动员参加比赛，中国派出了一支新中国历史上最大的体育代表团参加比赛。在本次运动会上，创造了几项世界纪录。之后，在 1966 年 11 月，首届亚洲新兴力量运动会举行，此外，中国也承办了几个单项的新兴力量运动会。

第二个突破口是被广为流传“乒乓外交”。1972 年在中国、日本和朝鲜乒乓球协会的支持下，一个名叫“亚洲乒乓球联盟”的机构成立，在其中中华人民共和国拥有合法的席位。这是在“两个中国”的斗争中，中国赢得的又一大胜利。

此时，新中国与美国的关系也在逐步地改善。1970 年 10 月 25 日，美国总统尼克松通过巴基斯坦总统齐亚·哈克向中国领导人表达愿意与中国方面私下接触的愿望，并在不久后的一次外交宴会上，第一次称中国为“中华人民共和国”。到了 1971 年，中国已经在考虑如何与美国改善关系。那么，以什么作为最好的媒介呢?

正好第 31 届世界乒乓球锦标赛将于 1971 年 3 月 28 日—4 月 7 日在名古屋举行，于是中国有关领导人想到以此为契机。1971 年 3 月 11 日，由周恩来总理亲自主持，有外交部和国家体育运动委员会代表出席的特别会议举行，会议上指出，尽管中国与日本还没有建交，但是我们可以派出代表团参加比赛。在名古屋，美国乒乓球运动员与中国运动员互相交换纪念品，而双方官员之间更是进行了充分的沟通。美国运动员表示，非常希望能够访问中国。这一些情况都直接反馈给了毛泽东主席。当本届世界锦标赛结束时，毛泽东主席决定立即邀请美国乒乓球队来北京访问。

4 月 17 日，周恩来总理亲自在人民大会堂接见了来自美国、加拿大、哥伦比亚和尼日利亚的乒乓球运动员。就这样，乒乓球和体育为中美最后建交拉开了序幕，也为中国最后成功重返奥运会大家庭打下了基础。

作为“乒乓外交”的硕果，1972 年中国恢复了在联合国中的合法席位。同年，国际奥委会迎来了一位新主席、爱尔兰人基拉宁。国际奥委会意识到，应该尽快恢复中华人民共和国最新国际奥委会的合法地位，就必须解决台湾问题。基拉宁和国际奥委会副主席萨马兰奇在 1977 年 9 月和 1978 年 4 月两次访问中国，对中国政府加深了了解。1979 年，中国奥委会向国际奥委会正式提出关于解决中国合法席位的建议。这一建议得到了包括国际奥委会主席基拉宁在内的大多数人的赞同。同年 11 月，国际奥委会以通讯表决方式让国际奥委会全体委员投票，结果以 62 票赞成，17 票反对，2 票弃权通过了国际奥委会执委会于 1979 年 10 月 25 日在日本名古屋做出的有关恢复中华人民共和国在国际奥委会合法席位的决议。这一著名的名古屋决议指出：中国奥委会在参加奥运会时使用中华人民共和国的国旗和国歌，同时允许台湾作为我国的一个地方性组织在国际体育组织中占有席位，以“中国台北奥林匹克委员会”出现。国际奥委会的这一决定，最终扫清了中国重返奥林匹克大家庭的障碍。从此，中国奥委会与国际奥委会建立了良好的、密切的合作关系。

3. 扬威奥运——零的突破　为国争光

中国在 1979 年重返奥运大家庭之后，就开始积极备战奥运会。

1980 年 2 月，在国际奥委会中恢复席位的中国体育代表团首次出现在奥运会赛场上——参加了第 13 届冬季奥运会。

1984 年，第 23 届奥运会在美国洛杉矶举行。中国有史以来第一次派出大型代表团参加这项体坛盛事。开赛第一天，射击选手许海峰在男子自选手枪慢射比赛中勇夺得冠军，从而实现了中国在奥运会历史上零的突破。而在 2002 年盐湖城冬奥会上，中国女选手杨扬又为中国队实现了在冬季奥运会上金牌零的突破。而回顾中国运动员在参加奥运会的故事，细看他们的突破和取得的成绩，无疑是我国竞技体育的实力和水平的最好证明。在从“东亚病夫”到世界冠军的变化中，我们见证了中国体育发生的翻天覆地的变化。

从 1979 年恢复席位以来到 2003 年，中国体育健儿已经参加了 5 届夏季奥运会，获得了 80 枚金牌、79 枚银牌和 64 枚铜牌。中国还参加了 7 届冬季奥运会，一共赢得了 2 枚金牌，12 枚银牌和 8 枚铜牌。现在，中国体育健儿的目光紧紧盯着将于 2004 年 8 月在希腊雅典举办的第 28 届奥运会，希望中国的五星红旗可以更多次地飘扬在雅典的体育场馆上空。

在新中国体育健儿扬威奥运会赛场的同时，有三名中国人先后当选了国际奥委会委员。1981 年中国的体育领导人何振梁当选为国际奥委会委员，他还于 1989—1993 年担任国际奥委会副主席，并多次担任执委。1996 年当时的世界羽毛球联合会主席吕圣荣也以国际单项体育联合会主席的身份当选为中国第一位国际奥委会女委员。2000 年国家体育总局副局长于再清当选为国际奥委会委员，成为中国活跃在国际奥委会舞台上的又一中坚力量。

中国重返奥运大家庭，标志着新中国体育的又一次腾飞，同时也为奥林匹克运动注入了新的活力。

4. 2008 年北京奥运会

2008 年北京奥运会即第二十九届夏季奥林匹克运动会于 2008 年 8 月 8 日 20 时开幕，2008 年 8 月 24 日闭幕。本届奥运会口号为“同一个世界，同一个梦想”(One World, One Dream)，主办城市是中国北京。参赛国家及地区 204 个，参赛运动员 11 438 人，设 302 项比赛项目。

1）申奥历程

(1) 北京奥申委成立：

1999 年 9 月 6 日，北京 2008 年奥运会申办委员会在京成立。

奥申委由76人组成，刘淇任主席，伍绍祖任执行主席。袁伟民、刘敬民为常务副主席，何振梁为顾问，张发强、于再清、李志坚、林文漪、汪光焘、张茅任副主席，屠铭德、王伟任秘书长。朱镕基总理表示中国政府全力支持北京申奥。

2000年5月8日，国务院总理朱镕基明确表示，中国政府对北京申办2008年奥运会十分重视、全力支持，并将从各个方面为申办工作创造良好条件。

(2) 北京正式递交申请报告：

2000年6月20日，北京奥申委秘书长王伟在瑞士洛桑向国际奥委会正式递交申请报告。报告回答了国际奥委会向申请城市提出的22个问题，陈述了关于北京筹办2008年奥运会的计划和构想，是北京市申办2008年奥运会向国际奥委会递交的第一份正式答卷。申奥大使登台助阵2000年12月，北京奥申委聘请香港著名艺员成龙为申奥形象大使，随后又与杨澜、巩俐、邓亚萍和桑兰四位杰出女性签订协议，她们和后来加盟的刘璇、王治郅等一道竭力宣传北京申奥，并利用各自的国际关系，帮助北京在申办2008年奥运会的竞争中获得胜利。

(3) 国际奥委会评估团充分肯定北京申奥工作：

由荷兰人海因·维尔布鲁根和瑞士人吉尔贝·费利领衔的国际奥委会评估团17名成员，从2001年2月19日至2月24日对北京申奥工作进行考察。评估团在新闻发布会上评价说，北京申办奥运会得到了中国政府和北京市民的强有力支持。中国国家主席江泽民在会见评估团时强调了中国政府对北京申办奥运会的支持和承诺。北京奥申委提供了一份调查结果，有94.9%的市民支持北京申办奥运会。我们在北京的考察，也证实了这个数据是准确的、真实的。北京还提出了一个非常好的比赛规划以及场馆建设方案，这将给奥林匹克运动的发展和北京人民的生活留下一笔宝贵的财富。

2001年7月13日，北京在莫斯科举行的国际奥委会第112次全会上，国际奥委会投票选定北京获得2008年奥运会主办权。

2) 2008年北京奥运会概要

第29届奥林匹克运动会于2008年8月8日至24日在中国首都北京举行。此次奥运设置了三大理念：绿色奥运、科技奥运、人文奥运。举行了28个大项，38个分项的比赛，产生302枚金牌(其中中国获得51枚)。2008年，有2万多名运动员、教练员和官员参加北京奥运会。除大部分比赛在北京举行外，帆船比赛在青岛举行，马术比赛在香港举行，部分足球预赛在天津、上海、沈阳和秦皇岛举行。2005年7月8日，在新加坡举行的国际奥林匹克委员会第117次全会上，决定由香港协办2008年奥运马术项目，是奥运历史上第二次由不同地区的奥委会承办。

3) 2008年北京奥运会口号

“同一个世界，同一个梦想”(One World One Dream)集中体现了奥林匹克精神实质和普遍价值观——团结、友谊、进步、和谐、参与和梦想，表达了全世界在奥林匹克精神的感召下，追求人类美好未来共同愿望。尽管人类肤色不同、语言不同、种族不同，但我们共同分享奥林匹克魅力与欢乐，共同追求着“人类和平的理想，我们同属一个世界，我们拥有同样的希望和梦想。”

“同一个世界，同一个梦想”深刻反映了北京奥运会的核心理念，体现了作为“绿色奥运、科技奥运、人文奥运”三大理念的核心灵魂的人文奥运所蕴含的和谐的价值观。建设和谐社会、实现和谐发展是我们追求的梦想。“天人合一”,“以和为贵”是中国人民自古以来对人与自然,人与人和谐关系的理想与追求。我们相信：和平进步、和谐发展、和睦相处、合作共赢和美好生活是全世界的共同理想。

“同一个世界,同一个梦想”文简意深,既是中国的,也是世界的。口号表达了北京人民和中国人民与世界各国人民共有美好家园,同享文明成果,携手共创未来的崇高理想;表达了一个拥有五千年文明,正在大步走向现代化的伟大民族致力于和平发展,社会和谐,人民幸福的坚定信念;表达了 13 亿中国人民为建立一个和平而更美好的世界做出贡献的心声。

4) 2008 年北京奥运会吉祥物

福娃(英语：Fuwa 或 Friendlies)是 2008 年在北京举行的第 29 届奥运会的吉祥物,作家郑渊洁提议,本次奥运会吉祥物数量应该最多,后来他提议与奥运五环相匹配,之后画家韩美林设计完成。

福娃向世界各地的孩子们传递友谊、和平、积极进取的精神和人与自然和谐相处的美好愿望。他们的造型融入了鱼、大熊猫、奥林匹克圣火、藏羚羊以及燕子的形象。每个娃娃都有一个朗朗上口的名字:“贝贝”“晶晶”“欢欢”“迎迎”和“妮妮”,当把五个娃娃的名字连在一起,你会读出北京对世界的盛情邀请“北京欢迎你”。

5) 北京 2008 年奥运会举办意义

(1) 中国是世界上人口最多的国家,但从未举办过奥运会。如果 2008 年奥运会在拥有世界上五分之一人口、4 亿青少年的中国北京举办,奥林匹克理念和精神将得到更广泛的普及和发展。

(2) 具备举办奥运会的经济实力。北京是一座极具发展潜力的城市,近十年来经济始终以两位数的速度增长,1999 年全市国内生产总值为 240 亿美元,人均国内生产总值在 2 000 美元以上。

(3) 出色的体育成绩。已连续在近两届奥运会上获得金牌和奖牌总数第四的好成绩。迄今为止,中国运动员共获得 1 317 个世界冠军、突破世界纪录 1 026 次。

(4) 政治稳定,社会安定。在世界主要首都城市中,北京是刑事犯罪率、交通死亡率、火灾发生率最低的城市之一,城市安全保障具备举办大型体育赛事的能力。

(5) 灿烂的文化。北京有着 3 000 年建城史、800 年建都史,拥有众多的名胜古迹和丰厚的文化底蕴。

(6) 举办大型运动会的丰富经验。北京不仅成功举办了 1990 年第 11 届亚运会、1994 年第六届远南残运会,并且获得了 2001 年第 21 届世界大学生运动会的主办权。

(7) 一个美丽的奥林匹克公园正在设计中。北京在城市环境最优美的北部兴建奥林匹克公园,占地 1 215 公顷,其中包括容纳 8 万人的主体育场、14 个体育场馆、运动员村和国际展览中心等,连同 760 公顷的森林绿地,将非常适合运动员比赛和休息。

(8) 一流的通讯、交通、饭店及其他社会服务设施。北京共有星级饭店 344 家、客房 7.2 万间(套),奥运会期间接待能力为 40 万人,首都机场的年客运能力为 3 500 万人次,航线连接世界上任何一个通航的国家或城市。

(9) 中央政府的支持。2000 年 5 月 8 日,朱镕基总理表示:中国政府全力支持北京申奥,将从各个方面为北京申办工作创造良好的条件。

(10) 民众的大力支持。据一家独立的调查公司对北京市民进行的入户调查显示:94.6%的市民支持北京申办 2008 年奥运会。

参 考 文 献

[1] 史辉. 实用职业体育与健康[M]. 长沙：湖南科学技术出版社，2017.
[2] 乐建军、胡斌、王伟. 大学体育互动教程[M]. 西安：西安交通大学出版社，2017.
[3] 林志超. 高职体育与健康规划教程[M]. 北京：北京体育大学出版社，2009.
[4] 欧阳秀雄. 体育与健康[M]. 西安：西北农林科技大学出版社，2008.
[5] 谭成靖. 现代大学体育教程[M]. 长沙：国防科技大学出版社，2010.
[6] 胡赣萍. 新编体育理论与健康教程[M]. 北京：经济日报出版社，2009.
[7] 吴步阳. 新编大学体育[M]. 长沙：湖南科学技术出版社，2010.
[8] 姬伟民. 新编体育与健康[M]. 北京：中国书籍出版社，2011.
[9] 邹继豪. 体育与健康教程[M]. 沈阳：辽宁大学出版社，2004.
[10] 王萍. 大学体育与健康教育[M]. 天津：天津科学技术出版社，2009.